WULIANWANG RUQIN JIANCE

物联网入侵检测

左 方 韩志杰 主编

河南大学出版社
HENAN UNIVERSITY PRESS
·郑州·

图书在版编目(CIP)数据

物联网入侵检测 / 左方,韩志杰主编. --郑州:
河南大学出版社,2023.8
ISBN 978-7-5649-5614-1

Ⅰ.①物… Ⅱ.①左 ②韩… Ⅲ.①物联网-网络防御-高等学校-教材 Ⅳ.①TP393.081

中国国家版本馆 CIP 数据核字(2023)第 172714 号

责任编辑　李亚涛
责任校对　郑　鑫
封面设计　陈盛杰

出　版	河南大学出版社		
	地址:郑州市郑东新区商务外环中华大厦 2401 号	邮编:450046	
	电话:0371-86059701(营销部)	网址:hupress.henu.edu.cn	
排　版	郑州市今日文教印制有限公司		
印　刷	郑州市今日文教印制有限公司		
版　次	2023 年 8 月第 1 版	印　次	2023 年 8 月第 1 次印刷
开　本	787 mm×1092 mm　1/16	印　张	12.75
字　数	205 千字	定　价	39.00 元

(本书如有印装质量问题,请与河南大学出版社营销部联系调换。)

目 录

第1章 LoRa通信技术相关概述 （1）
  1.1 研究背景及意义 （1）
  1.2 国内外研究现状 （2）
  1.3 LoRa概述 （5）
  1.4 LoRa和LoRaWAN （8）
  1.5 LoRa和无线电调制 （14）
  1.6 LoRa的射频参数 （20）
  1.7 LoRa数据包结构 （24）
  1.8 LoRa的调制解调芯片 （26）
  1.9 关于LoRa无线网络身份认证机制 （27）
  1.10 LoRaWAN （28）
  1.11 基于TDMA的LoRa通信网络 （32）
  1.12 基于LoRa技术的无线传感器网络 （34）

第2章 安全需求及挑战 （40）
  2.1 常见的入侵攻击 （47）
  2.2 常见的入侵检测 （59）

第3章 数据集类型 （74）
  3.1 KDDCUP99 （74）
  3.2 NSL-KDD数据集 （75）
  3.3 UNSW-NB15数据集 （80）
  3.4 CICIDS2017数据集 （82）
  3.5 DARPA'98数据集 （84）
  3.6 KDDCUP'99数据集 （84）
  3.7 NSL-KDD数据集 （85）
  3.8 ISCX-IDS2012数据集 （85）
  3.9 UNSW-NB15数据集 （85）

3.10　CIC-IDS2017 数据集和 CIC-IDS2018 数据集 ………………（86）
3.11　CICDDoS2019 数据集 ……………………………………………（86）

第 4 章　数据预处理 …………………………………………………（88）
4.1　数据清洗 ……………………………………………………………（88）
4.2　重复数据 ……………………………………………………………（92）
4.3　数据转化 ……………………………………………………………（93）
4.4　数据归并 ……………………………………………………………（94）
4.5　数据质量评估 ………………………………………………………（95）

第 5 章　特征分析 ……………………………………………………（96）
5.1　数据特征分析 ………………………………………………………（96）
5.2　特征提取 ……………………………………………………………（99）

第 6 章　异常检测模型 ………………………………………………（103）
6.1　基于入侵检测技术 …………………………………………………（103）
6.2　基于特征异常分类、聚类技术 ……………………………………（105）
6.3　基于降维技术的检测方法 …………………………………………（107）
6.4　基于预测技术的检测方法 …………………………………………（110）
6.5　基于神经网络的预测和检测法 ……………………………………（110）

第 7 章　可视化系统 …………………………………………………（117）
7.1　基于 LoRa 协议的系统部署方案 …………………………………（118）
7.2　基于 LoRa 协议的数据采集处理方案 ……………………………（122）

第 8 章　ETL …………………………………………………………（131）
8.1　ETL 简介 ……………………………………………………………（131）
8.2　ETL 体系结构 ………………………………………………………（132）
8.3　ETL 工作流程 ………………………………………………………（132）
8.4　实时 ETL 工具的实现 ………………………………………………（133）

第 9 章　系统模块分析 ………………………………………………（156）
9.1　用户管理模块 ………………………………………………………（156）
9.2　角色管理的模块 ……………………………………………………（157）
9.3　日志管理模块 ………………………………………………………（159）
9.4　技术栈分类 …………………………………………………………（160）
9.5　模块详细实现方案 …………………………………………………（163）

参考文献 …………………………………………………………………（190）

第1章 LoRa通信技术相关概述

1.1 研究背景及意义

近年来由于我国市场经济的飞速发展,我国对电力能源的需求和消耗日益增加,2021年全社会用电量83128亿千瓦时,相较于2020年同比增长10.3%,较2019年同期增长14.7%,两年平均增长7.1%。由于我国电力能源的生产方式仍然以火力发电为主,随着电力能源消耗量逐渐增加,而火力发电规模依然庞大。2021年我国的火力发电量占据总发电量的70%,消耗大量的煤炭矿物资源。但是在2020年9月,我国提出要率先在2030年、2060年分别实现"碳达峰"和"碳中和"目标,为了实现"双碳"目标,能源结构需要开展"电能替代、清洁替代"两个转型,新能源的使用方式和新型电网结构逐渐成为研究热点。

LoRa通信技术在电网管理中具有重大作用。刘羽轩[1]提出基于LoRa透传的中继多跳组网方式,能够有效完成配电网中的基本电力数据的采集功能,但是整个采集系统处于实验状态。叶奕平[2]使用LoRa星型网络结构在深圳地铁福田枢纽站组件了楼宇自动化检测系统,对于面积广阔、空间密闭和设备繁多的场景具有一定的工程意义和参考价值。刘世伟[3]基于LoRaWAN网络结构设计了物联网电力抄表系统,经测试能有效完成超表功能,但是没有应用于实时性场合且涉及的数据项目类型较少。单恒[4]设计了基于LoRa私有协议的社区电力监测系统,有效推进了社区智能化的需求,具有一定的参考价值,但是社区电力监测系统也处于实验测试阶段。陶园[5]将LoRa通信技术应用与农业环境,采用星型网络结构,整体性能满足农场环境的监测需求,但是该系统没有连接物联网平台。肖扬[6]基于LoRaWAN网络设计了舰船内环境监测系统,对系统测试之后,可见LoRaWAN网络可应用于潮湿密闭的环境,该系统具有一定的工程应用价值。魏嘉鑫[7]也是基于 LoRaWAN 网络设计了光伏电站的数据传输系统。在 LoRaWAN 协议的基础上进行了改进,采用了混合的数据加密方式,提升了 LoRaWAN 网络的安全性,但是该系统只针对光伏电站,采用数据也以发电量为主,没有检测电能质量数据。薛宏利等人[8]对电力物联网中的 LoRa 通信能力在 OPNET 平台进行了仿真研究,建立了低压集抄和环境监测两种功能下的 LoRa 通信网络模型。通过改变扩频因子的方式以这两种环境下网关的丢包率和数据传输延时作为评价指标,其仿真结果为 LoRa 通信技术在电力物联网领域的工程化应用提供了合理的决策依据。

过去,民用的无线通信技术大致可分为两种。一种是以 Wi-Fi、蓝牙和 ZigBee 为代表的短距离无线通信技术,其主要特征是传输速率快,通信距离短。随着新标准的出现,例如低功耗蓝牙(Bluetooth Low Energy,BLE)和 IEEE802.11ah,这类通信技术大大降低了功耗。另一种是蜂窝通信技术,它具有传输速率高、覆盖范围广等优点,但是也具有功耗高与成本高的不足[9]。

随着信息化和智能化的发展,更多搭载各种传感器的智能设备需要连接网络[10]。大部分智能设备需要传输的数据主要包括传感器数据、模数转换数据和开关状态数据等,所以对传输速率要求不高。另一方面,这些设备通常由电池供电,且放置在人们较少触及的地方。所以在选择无线通信技术时,低耗能和远距离是最重要的指标[11]。显然,无论是上述的短距离无线通信技术还是蜂窝通信技术都无法满足需求,因此,为低功耗、长距离和大规模连接的物联网应用而设计的低功耗广域网(Low-Power Wide-Area Network,LPWAN)应运而生[12]。LPWAN 主要分为两类,一类是 LoRa、Sigfox 和 DASH7 等工作在免许可的频道,另一类是 NB-IoT 等工作在授权的频道[13]。

1.2 国内外研究现状

1. 国内研究现状

国内电力监测系统发展起步较晚,我国在 1993 年,我国颁布了有关预防电气火灾的国家标准 GB14287-1993,之后相继颁布了《高层民用建筑设计防火规范》(GB50045-94)、《建筑设计防火规范》(GB50016-2006)、《电气火灾监控系统》(GB14287-2005)等多项国家标准,这代表着我国电力监测行业正逐步走向规范化、标准化[14]。

由于在国内的电力监控系统刚刚起步,它的产品还没有形成一个完整的网络化和系统化的体系,大部分都是由单独的系统来进行检测,因此,有关信息无法得到及时的整合,形成了一个又一个的"信息孤岛"。近年伴随着国内物联网技术的逐渐成熟,国内的电力监控产业得到了快速的发展,当前的产业水平已经有了显著的提高,相应的产品也在逐渐走向系统化和网络化。目前,我国各大工业企业的生产技术已逐渐向国际标准迈进,如华宿电子、力安测量控制、安瑞特等企业生产的相关产品已达到了较高标准[15]。

当前,在我国大多数的主要电力监测系统中,大多都使用传感器结合有线或LoRa无线网络通信技术来完成对电力网络的整体监控。其中,传感器任务是在采集线路中的电力信息,并通过网络通信技术来对其进行数据汇总和可视化的展示。尽管当前我国电力监测水平总体上已经取得了很大的进展,但是与国外一些发达国家相比,还是有很大的差距。为此,我们应积极提升行业水平,构建更为健全的行业体系。

陈孝松[16]提出了一种低成本的硬件改进措施,即在网关中增加单通道的LoRa调制解调芯片SX1278,专门用于下行通信,以实现网关从半双工变成全双工,从而提高LoRaWAN的网络性能。

在改进LoRaWAN的MAC协议方面,国内学者李超[17]和赵菁菁[18]分别提出了优化策略。针对现有LoRaWAN的自适应速率算法的问题和多用户信道选择技术的缺失,设计了基于贪婪算法的扩频因子公平分配算法,并研究了信道选择方案在未知网络环境下的最优化问题,仿真结果显示,该方案可接近最优解,降低了网络的数据传输时延;赵菁菁则提出了一种适用于密集部署的LoRa网络的扩频因子公平分配机制(Fair Spreading-factor Allocation,FSA),仿真结果表明,FSA机制能大幅提高节点的传输成功率和整个网络的吞吐率,分别达到了3%～28.5%和8%～30%。

在第三类方案中,国内多数研究针对应用需求提出了专用的LoRa通信网络设计方案。例如,张坤[19]基于LoRa无线通信技术提出了一个适用于市政道路照明的智能路灯控制系统,采用了简单的主从式轮询机制,能满足路灯控制系统的实时控制需求;陈钇安[20]提出的基于LoRa的远程水表抄表系统,通过跳频技术和优化的路由组网算法,实现了一个多级的无线抄表网络。

在通用的 LoRa 通信网络设计方面,许斌[21]和吕文涛[22]提出了两种不同的 MAC 协议。许斌设计的 L-MAC 采用同步 TDMA 技术,为每个节点划分了独一无二的上行通信时隙,同时额外划分竞争时隙用于节点响应网关的下行通信,有效解决了 LoRaWAN 中因纯 ALOHA 导致的上行通信碰撞和下行通信时延问题;吕文涛提出的 CD-ALOHA 采用码分多址(Code Division Multiple Access,CDMA)结合 ALOHA,利用正交扩频码多址的特性和 ALOHA 的竞争策略,提高了网络吞吐量,降低了节点数据传输的平均时延。

2. 国外研究现状

国外对 LoRa 及 LoRaWAN 的研究较早,相关文献自 2014 年就已涌现。在硬件方面的改进研究中,Thiemo Voigt 等提出,在一个区域中部署多个网关以及在节点处使用定向天线能够有效降低 LoRa 信号之间的干扰,从而提升整个 LoRaWAN 网络的性能。

由于在欧洲使用 LoRaWAN 的普及率较高,因此一些相关研究集中在对 LoRaWAN 的 MAC 协议改进方面。例如,Brecht Reynder 等人[23]设计了一个算法,用于为节点分配扩频因子和发送功率,通过最小化节点间碰撞的概率来优化使用特定扩频因子节点的占比,仿真结果表明该算法能减少整个网络 50% 的错包率。Khaled Q. Abdelfadeel 等人[24]发现,在 LoRaWAN 网络中节点间的公平性指数将随着节点数量的增多而降低,由于链路环境较差的节点传输时间较长,受干扰的可能性较大,因此他们提出了一种自适应速率算法,通过最大化节点间的公平指数来给节点分配合适的扩频因子和发射功率。

一些研究发现,限制 LoRaWAN 网络性能的瓶颈主要是基于纯 ALOHA 的 MAC 协议,以及网关的半双工特性[11]。改进的自适应速率算法和扩频因子与发送功率分配策略虽然能够提升网络的性能和可扩展性,但是效果有限。Brecht Reynders 等人[25]提出了一种轻量级的调度机制,该机制在纯 ALOHA 的基础上划分一些时隙并指定可使用的扩频因子和发射功率,节点在保证正常通信的基础上将选择最小的扩频因子和发射功率,从而减少对其他节点的影响,并有效减少捕获效应的发生。Youngjune Oh 等人[26]提出了一种同步方案,利用网关周期发送的信标信号,两个信标信号之间的时间被划分为上行通信部分和下行通信部分,节点将根据信标信号中的设备地址按顺序依次轮询下行通信数据包,从而降低下行通信时延和节点功耗。Tommaso Polonelli 等人[27]提出了在 LoRaWAN

中使用时隙 ALOHA 代替纯 ALOHA 的方案,该方案是一种基于应答(Acknowledgement,ACK)的时间同步算法,与纯 ALOHA 相比能将通信碰撞概率降低三倍。

在专用的 LoRa 通信网络设计方面,Carlos A Trasviña-Moreno 等人[28]设计了一个 LoRa 无线通信技术结合无人机技术的海洋环境监测系统,利用无人机的飞行能力和 LoRa 的远距离特性,通过动态组网和轮询收集传感器数据的方式,实现了对大范围海域进行环境监测的功能。在通用的 LoRa 通信网络设计方面,Rajeev Piyare 等人[29]提出了一种基于异步 TDMA 的 LoRa 通信网络设计方案。该方案结合了短距离的唤醒无线电技术和远程覆盖的 LoRa 无线通信技术,所有通信都由网关主动发起,节点没有主动上行通信的权利,从而有效降低节点上行通信发生碰撞的几率,同时还能保持低功耗的同时有效降低下行通信的时延。

1.3 LoRa 概述

作为 LPWAN 通信技术之一,LoRa 拥有很多优点,例如传输距离远、工作能耗低、组网节点多、成本低廉以及抗干扰性强等等,所以 LoRa 被视为当前最有前途的通信技术之一[30-32]。

LoRa 是采用啁啾扩频(Chirp Spread Spectrum,CSS)调制技术的衍生物[33]。由于 CSS 调制技术的通信距离远和抗干扰能力强的特点,在过去数十年中,它多用于一些特殊领域中,如军队通信和太空通信[34]。Cycleo 公司于 2009 年研制出可以低成本硬件实现 CSS 算法,为 LoRa 打下了基础,后被 Semtech 公司收购。2013 年 8 月,Semtech 公司推出了 LoRa 芯片,引领 LPWAN 物联网应用的发展潮流。相对于频移键控(Frequency-shift Keying,FSK)调制技术,LoRa 芯片在实现同样低功耗性能的同时,显著地提高了接收灵敏度,进一步增加了通信距离。研究表明,在无遮挡的室外环境下 LoRa 的通信距离最远可达 30 公里[35,36]。LoRa 芯片的抗干扰能力非常强,适用于各种恶劣环境,它可以在 20 dB 以下的信噪比(Signal to Noise Ratio,SNR)下正确解调所需的信号,而 FSK 解调需要的最低信噪比为 8dB。尽管 LoRa 的通信距离远和抗干扰能力强的特点是牺牲了通信速率换得的,但对于大多数的物联网应用而言,这并不是问题。另外,LoRa 技术的开放性也使其成为最具发展潜力的无线通信之一[37]。

2015年3月，Cisco、IBM和Semtech共同成立了一个非营利性开放组织，即LoRa联盟。该组织至今已拥有来自全球500多家成员，涵盖了物联网生态系统中的各个方面，包括芯片厂商、设备制造商、电信运营商、系统集成商以及应用解决方案商等。许多巨头企业，如Actility、Google、Kerlink和ST等，都是该组织的成员。在中国，由中兴牵头成立的中国LoRa应用联盟（China LoRa Application Alliance，CLAA）致力于推广LoRa的商业应用。随着阿里巴巴和腾讯在2018年相继加入LoRa联盟并分别部署了LoRa网络，LoRa已经悄然形成了在国内与原本预计占主导地位的NB-IoT相抗衡的态势。

LoRaWAN规范由LoRa联盟制定、维护和推广，定义了LoRa通信系统的系统架构和通信协议，极大地推动了LoRa应用的标准化和集成化[38]。相较于无线传感器网络（Wireless Sensor Networks，WSN）中的多跳网状拓扑结构，LoRaWAN采用了单跳星型拓扑结构，节点通过单跳的方式直接与一个或多个网关相连[39]。这种拓扑结构和网状拓扑结构相比，不仅简化了系统架构和通信协议，增加了网络的容量，还能够延长节点的电池寿命，是最适合物联网应用的网络拓扑结构。但也有学者认为，基于网状拓扑结构的LoRa通信网络能够达到更大的覆盖范围，在某些特殊的应用场合也有用武之地[40,41]。LoRaWAN的MAC协议采用了基于纯ALOHA的通信协议，即节点被允许在任意时刻发送数据而不需要对信道进行监听[42]。这种方法虽然可以最大化延长节点电池寿命，但也会带来弊端，如在网络拥挤时会造成大量的碰撞。LoRa联盟在开始制定LoRaWAN的MAC协议时曾摇摆不定，但他们最终选择了纯ALOHA。他们认为大部分物联网应用的通信需求主要是零星的上行通信，通信发生碰撞的概率有限，而延长节点电池寿命是在市场上赢得竞争的关键因素。

LoRaWAN采用了自适应速率（Adaptive Data Rate，ADR）机制，使得具有不同链路环境的节点选用不同的扩频因子进行上行通信，降低了在同一信道中发生碰撞的几率。LoRa的物理层特性也有助于减少碰撞的发生。由于不同扩频因子的LoRa信号之间正交不会发生碰撞，利用这个特性，LoRaWAN采用了自适应速率机制可以根据节点的链路环境自动选用最合适的扩频因子[7]。此外，LoRaWAN的网关采用了多信道多速率的LoRa调制解调芯片SX1301，使节点在每次上行通信前都会通过伪随机的方式选择其中一个信道，从而减少网络中通信发生碰撞的几率[43]。因此，LoRaWAN适合那些需要广覆盖、低功耗和支持海量连接的物联网应用,特别是那些具有低流量和零星通信需求的应用[11]。

在 LoRaWAN 中,有限的通信碰撞几率受到上述物联网应用通信需求的影响,还会受到 LoRa 物理层特性的影响。LoRa 是扩频调制,不同扩频因子的 LoRa 信号具有不同的通信速率和性能,两者分别与扩频因子成负相关和正相关,且不同扩频因子的 LoRa 信号间相互正交,不会发生碰撞[7]。利用这个特性,LoRaWAN 采用了自适应速率(Adaptive Data Rate,ADR)机制,让各个节点根据其链路环境选用不同扩频因子进行上行通信,降低了在同一信道中发生碰撞的几率。此外,LoRaWAN 的网关采用的 LoRa 调制解调芯片 SX1301 支持多信道多速率,节点在每次上行通信前会伪随机选择一个信道,进一步减少通信发生碰撞的概率[43]。因此,LoRaWAN 能够满足广覆盖、低功耗和海量连接的需求,适合那些具有低流量和零星通信需求的物联网应用[11]。

LoRa 技术目前主要应用于三种通信网络结构,分别是点对点通信、星型轮询网络和星型并发网络[44]。点对点通信系统最初被广泛应用,它由发起方和接收方两个节点组成,结构简单却未组网,主要应用于特定的试验项目和应用场景[45]。星型轮询网络中有一个中心节点和多个轮询节点,轮询节点按顺序向中心节点上传数据,处理完成后中心节点返回确认信息,并开始下一个轮询节点上传。这种传输方式的本质是点对点通信,不同的是加入了分时处理[46,47]。这种结构适合节点数量较少、实时性要求较低的应用[48]。星型并发网络中包括一个中心节点和多个从节点,从节点随时可以上行数据,并且可以自适应调整频段和传输速率。这种结构具有更好的拓展性,减少了多个节点上传时的冲突概率,同时网关还能接收并处理多路数据[49]。

LoRa 利用啁啾扩频(Chirp Spread Spectrum,CSS)技术保留低功耗的同时提升接收灵敏度,从而提高通信距离和抗干扰能力[50]。相比于 NB-IoT、eMTC、WIFI 等物联网通信技术,LoRa 有独特的优势。LoRa 设备组网灵活且自主性高,只需要极低的电力支持就可以组建数据传输网络。LoRa 相对于蓝牙、WIFI、Zigbee 等具有更远的通信距离,相对于 4G、5G 和 NB-IoT 等技术成本也更低。在图 1-1 中,我们可以看到 LoRa 在覆盖范围和功耗上都有优势,适用于城市交通、物流运输、农业畜牧和科学计量等多种场景。

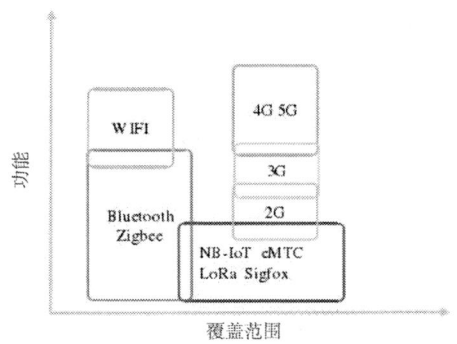

图 1-1　通信技术覆盖范围和功耗

LoRa 采用扩频调制(Spread Spectrum Communication)技术,这种技术极大地提高了信息的抗干扰能力,从而实现了超远的通信覆盖范围[51]。LoRa 调制技术采用正交扩频技术,可以根据发送节点和接收节点之间的距离和功率限制条件选择合适的数据速率,以实现在固定带宽范围内网络性能的优化。扩展频谱调制技术的特点是传输信息所用的带宽远远大于信息本身的带宽,这是基于信息论的创始人香农在1948年提出的香农公式所确立的,具体公式如1-1所示。

$$C = W\log_2(1 + \frac{S}{N}) \tag{1-1}$$

在式 1-1 中,C 代表信道容量,W 是信道带宽,S 代表信号功率,N 是噪声功率。根据香农公式,在信道容量保持不变的情况下,可以通过增加带宽的方式降低对信噪比的要求[52]。传统通信技术由于发射出来的有效信号功率随着传输距离增加而不断衰减,造成信号在接收端的解调失败,限制了传输距离。而扩频调制技术采用正交扩频序列,可以降低对信噪比的要求。当接收端认为噪声已经使扩频信号完全淹没时,接收端仍可以利用正交扩频序列完成解调工作,恢复出正确的发送信号,从而实现更远的传播距离。此外,LoRa 的主要工作频段是 433 MHz、868 MHz、915 MHz 等非授权且频率较低的频段,这些频段的低频电磁波在空气中衰减很小,有着抗多径衰落能力强的特点,在一定程度上也可以增加传输距离。

1.4　LoRa 和 LoRaWAN

LoRa 是适用于低功耗广域网(LPWAN)的射频调制技术。LoRa 这一名称指的是此技术支持超远距离数据链路。LoRa 由 Semtech 创建,旨在对 LPWAN 进行标准化,提供远距离通信：城市地区远达 3 英里(5 公里),农村地区远达 10 英里(15 公里)或更远(视距)。基于 LoRa 的解决方案的一个关键特性是满足超低功耗要求,能够创建使用寿命长达 10 年的电池供电的设备。基于开放的 LoRaWAN 协议的网络采用星形拓扑,非常适合需要在大量低功耗且收集少量数据的设备之间进行远距离或深入建筑内部的通信的应用。

考虑 LoRa 与通常在物联网或传统机器对机器(M2M)连接解决方案中使用的其他网络技术之间的区别,如图 1-2 所示：

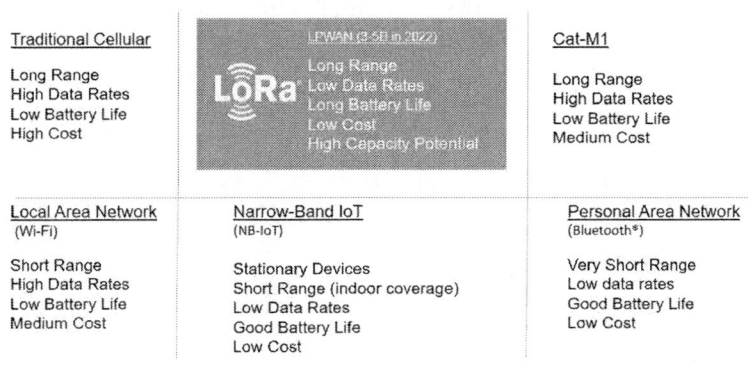

图 1-2　物联网技术

需注意的是,在欧洲,移动网络运营商已实施双重策略来解决数据包大小和延迟问题。这些运营商通常还提供 LoRaWAN 和 Cat-M1 作为补充技术。LoRaWAN 满足了更长电池使用寿命的需求,并在更长的延迟或更小数据包大小之间进行了权衡。相比之下,Cat-M1 可用于更大的载荷,但可容忍的延迟时间却比 LoRaWAN 更短。图 1-3 突出显示了部署 LoRaWAN 网络的一些重要优势：

(1) 关于范围,单个基于 LoRa 的网关可以在农村地区实现超过 10 英里(15 公里)距离的接收和传输信号。即使在稠密的城市环境中,消息也可以传播 3 英里(5 公里),具体取决于终端设备(终端节点)在室内的深入程度。

(2) 就电池使用寿命而言,鉴于数据包非常小且每天仅传输几次,因此传输数据包所需的能耗非常少。此外,当终端设备处于睡眠状态时,功耗以毫瓦(mW)为计量单位,设备的电池可以使用很多年。

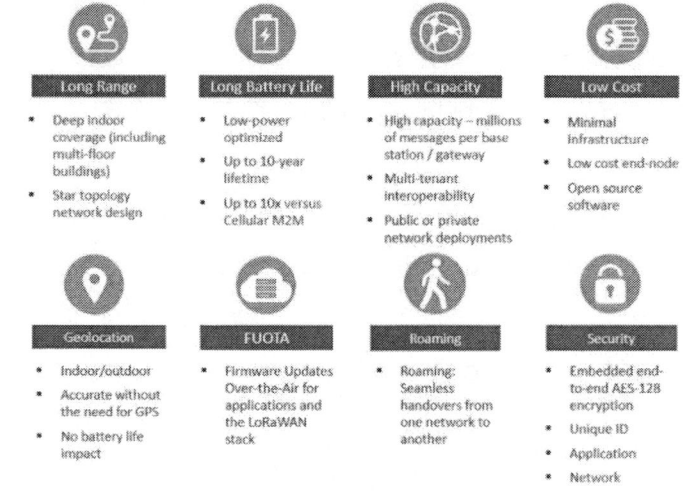

图 1-3 部署 LoRaWAN 网络的优势

（3）关于容量，LoRaWAN 网络可以支持数百万条消息。但是，任何给定部署中支持的消息数取决于安装的网关数。单个 8 信道网关可以在 24 小时内支持数 10 万条消息。如果每个终端设备每天发送 10 条消息，则这样的网关可以支持大约 1 万个设备。如果网络包括 10 个此类网关，则该网络可以支持大约 10 万个设备和 100 万条消息。如果需要更多容量，则需要做的就是向网络添加更多网关。

（4）然后是成本。鉴于基于 LoRa 的终端节点和网关功能，仅需要几个在星型网络中配置的网关即可为多个终端节点提供服务。这意味着投入资本和运营费用可以保持相对较低。同样，当便宜终端节点中嵌入的具成本效益的 LoRa 射频模块与开放式 LoRaWAN 标准结合使用时，投资回报率将很可观。

LoRaWAN 是一种标准化规范，是 LoRa 联盟针对 LoRa 终端低功耗和网络设备兼容性而定义的。与只定义了物理层的 LoRa 不同，LoRaWAN 主要包含网络的通信协议和系统架构。LoRaWAN 网络采用典型星型拓扑结构，由终端（ED）、网关（GW）、网络服务器（NS）、应用服务器（AS）和加入服务器（JS）等组成，如图 1-4 所示。终端通过单跳的 LoRa 或 FSK 与一个或多个网关通信，而网关则转发终端和后台网络服务器之间的消息。此外，LoRaWAN 在设计中还考虑了网络安全性问题，它的安全策略是对终端节点到网络服务器和应用服务器间的数据加密，前者保证合法节点才能接入网络，并对数据包鉴权和完整性校验，后者加密应用数据以保障应用的端到端安全，使得网络运营商无法获取用户的应用数据。

加入服务器用于完成节点身份认证和会话密钥分发。而网关只是完成对数据包的转发，未作任何安全防护。

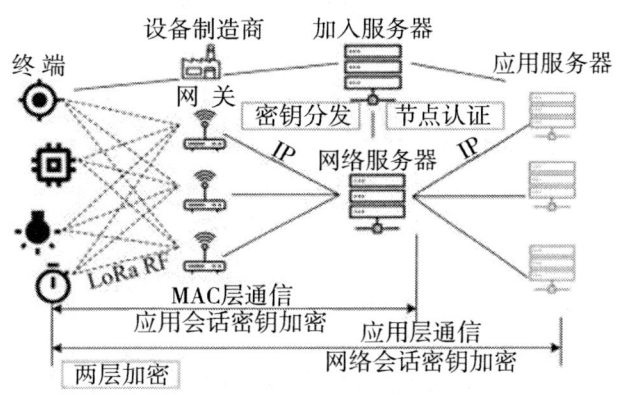

图 1-4　LoRaWAN 网络拓扑

为了全面了解 LoRaWAN 网络，将从技术堆栈入手。如图 1-5 所示，LoRa 是物理（PHY）层，即用于创建远距离通信链路的无线调制。LoRaWAN 是开放式网络协议，可提供 LoRa Alliance 标准化和维护的安全双向通信、移动性和本地化服务。

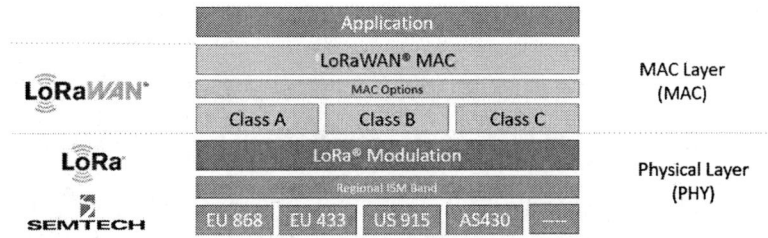

图 1-5　LoRaWAN 技术堆栈

支持 LoRaWAN 的终端设备是传感器或执行器，它通过使用 LoRa 射频调制的无线电网关无线连接到 LoRaWAN 网络。在大多数应用中，终端设备通常是由电池供电的自主传感器，可对物理状况和环境事件进行数字化处理。执行器的典型用例包括：街道照明、无线锁、水阀关闭、防泄漏等。在制造基于 LoRa 的设备时，会为其分配几个唯一的标识符。这些标识符用于安全地激活和管理设备，以确保通过私有或公共网络安全地传输数据包，并将加密的数据传递到云。

对 LoRa 有了基本了解后，将研究 LoRaWAN 网络的架构。图 1-6 展示了端到端的典型 LoRaWAN 网络实现。图 1-7 展示了基于 LoRa 的终端设备。

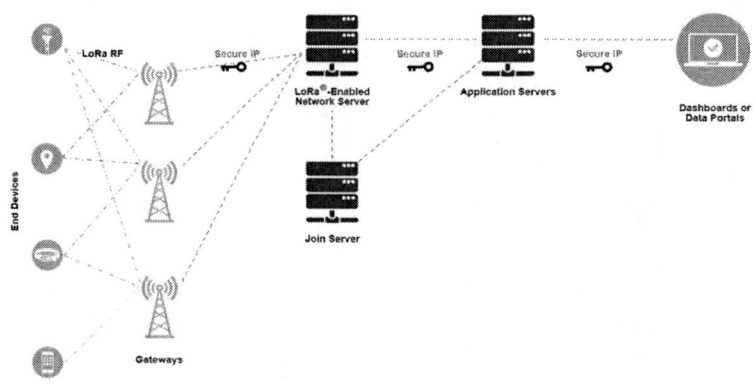

图 1-6　典型 LoRaWAN 网络实现

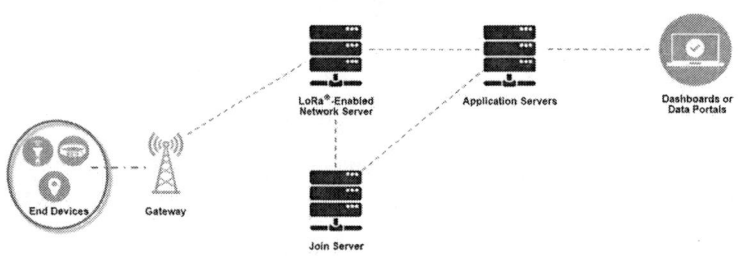

图 1-7　典型 LoRaWAN 网络部署中的终端设备

LoRaWAN 网关可在通信范围内从任何终端设备接收 LoRa 调制的射频消息,并将这些数据消息转发到通过 IP 骨干网连接的 LoRaWAN 网络服务器(LNS)。终端设备和特定网关之间没有固定的关联。相反,该区域中的多个网关可以为同一传感器提供服务。使用 LoRaWAN 终端设备发送的每个上行链路数据包都将被适用范围内的网关接收,如图 1-8 所示。此安排显著降低了数据包错误率(因为,至少一个网关将接收到该消息的几率非常高),显著降低了移动传感器的电池开销,并允许进行低成本的地理定位(假设所讨论的网关可以进行地理定位)。图 1-9 展示了网关接收和发送来自终端设备消息的过程。

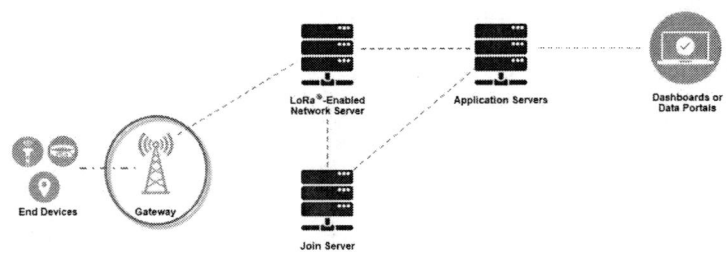

图 1-8 典型 LoRaWAN 网络部署中的网关

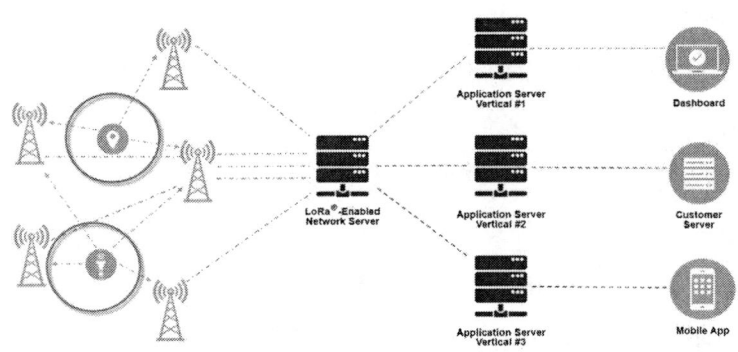

图 1-9 网关接收和发送来自终端设备的消息

从网关到网络服务器的 IP 流量可以通过 Wi-Fi、硬连线以太网或蜂窝连接进行回传。LoRaWAN 网关完全在物理层上运行,本质上为 LoRa 无线电消息的转发器。它们仅检查每个传入的 LoRa 射频消息的数据完整性。如果完整性不足,即如果 CRC 错误,则将丢弃该消息。如果正确,则网关会将其与一些元数据一起转发到 LNS,包括消息的 RSSI 级别以及可选的时间戳。对于 LoRaWAN 下行链路,网关直接执行来自 LNS 的传输请求,而无需对有效载荷进行任何解读。由于多个网关可以从单个终端设备接收相同的 LoRa 射频消息,因此 LNS 执行重复数据删除并删除所有副本。基于相同消息的 RSSI 级别,网络服务器通常选择在发送下行链路消息时接收了具有最佳 RSSI 的消息的网关,该网关是最接近所述终端设备的网关。

LoRaWAN 网络服务器(LNS)管理整个网络,动态控制网络参数,以使系统适应不断变化的状况,并建立安全的 128 位 AES 连接,用于端到端数据的传输(从 LoRaWAN 终端设备至云中最终用户应用),控制往返于 LoRaWAN 终端设备和 LNS 之间的流量。网络服务器确保网络上每个传感器的真实性以及每个消息的完整性。同时,网络服务器无法查看或访问应用数据。

通常,所有 LoRaWAN 网络服务器都共享以下功能:

(1) 设备地址检查;

(2) 帧身份认证和帧计数器管理;

(3) 确认收到消息;

(4) 使用 ADR 协议调整数据传输速率;

(5) 响应来自设备的所有 MAC 层请求;

(6) 将上行链路应用有效载荷转发到适当的应用服务器;

(7) 针对从任何应用服务器前往连接至网络的任何设备的下行链路有效载荷,进行排队;

(8) 在设备和 Join Server 之间转发 Join 请求和 Join 接收消息。

应用服务器负责安全地处理、管理和解读传感器应用数据。它们还生成至已连接终端设备的所有应用层下行链路有效载荷。如图 1-10 所示,是典型 LoRaWAN 网络部署中的 LoRaWAN 应用服务器的示意图。

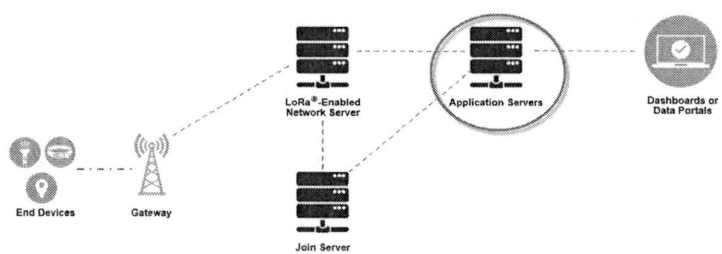

图 1-10 典型 LoRaWAN 网络部署中的 LoRaWAN 应用服务器

1.5 LoRa 和无线电调制

LoRa 采用的扩频调制技术源于啁啾扩频(CSS)技术,可在灵敏度和数据传输速率之间进行权衡,同时在 125 kHz 或 500 kHz(适用于上行链路信道)以及 500 kHz(适用于下行链路信道)的固定带宽信道中运行。此外,LoRa 使用正交扩频因子。通过对单个终端节点的功率水平和数据传输速率进行自适应优化,可以使网络延长连接的终端节点的电池使用寿命。例如,由于只需要很少的链路预算,位于网关附近的终端设备应以低扩频因子传输数据。而距离网关几英里的终端设备将需要以更高的扩频因子进行传输。尽管数据传输速率必然会较低,但这种较高的扩频因子可提供更高的处理增益和更高的接收灵敏度。

在 LoRa 调制技术中,啁啾信号是一种在一定时间内频率随着时间线性增大或减小的调频信号。可以将啁啾信号分为三种不同类型:第一种是标准的上升啁啾信号,如图 1-11 所示,在一定时间内,它的频率从 f_{mim} 开始,并线性增大到 f_{max} 结束;第二种是调制的上升啁啾信号,它的频率－时间曲线是标准的上升啁啾信号的循环时移,通过调制器产生不同时移的上升啁啾信号;第三种是下降啁啾信号,在一定时间内,它的频率从 f_{max} 开始,并线性减小到 f_{mim} 结束,与标准的上升啁啾信号是互为共轭的。将上升啁啾信号与下降啁啾信号相乘,并对其作快速傅里叶变换,可以得到一个包含单峰值的平坦响应,LoRa 接收机通过其峰值确定上升啁啾信号的时移,从而得到调制的信息。

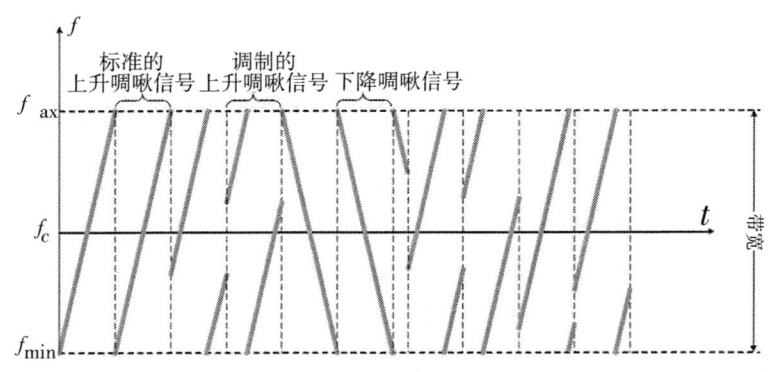

图 1-11 LoRa 信号的频率－时间曲线

由于上升啁啾信号与下降啁啾信号之间的共轭特性,所以即使在强噪声的情况下,LoRa 信号也可以正确解调。这大大提高了 LoRa 信号的抗干扰能力和覆盖能力。

如 OSI 七层网络模型所定义,LoRa 完全是一种物理(PHY)或"位"层实现,如图 1-12 所示。将使用空气作为介质将 LoRa 无线电波从物联网设备中的射频发射器传输到网关中的射频接收器,反之亦然,这消除了对缆线的需求。

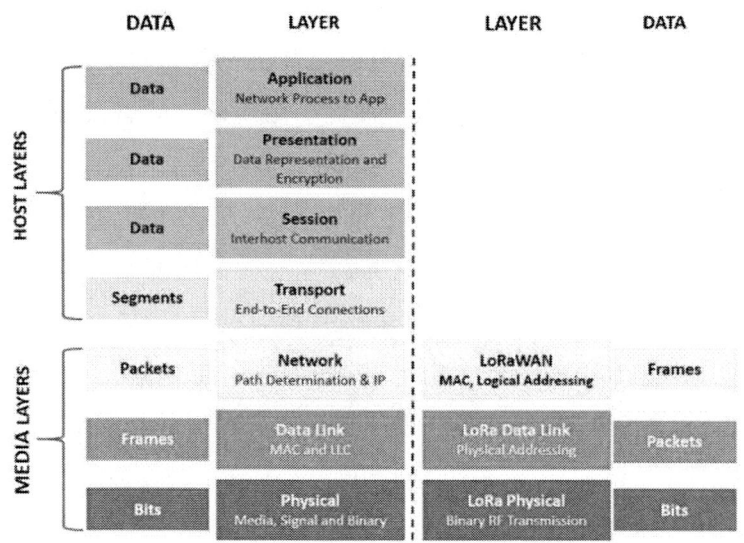

图 1-12　OSI 七层网络模型

在 LoRaWAN 网络中，基于 LoRa 的设备与网关之间并非一对一的关系；将通过范围内所有网关往返于终端设备的消息。重复数据删除由网络服务器处理。

在直接序列扩频（DSSS）系统中，发射器信号的载波相位根据代码序列而变化，如图 1-13 所示。当将数据信号与以高得多的速率预定义的位模式相乘时，也称为扩频码（或码片序列），会创建一个"更快"的信号，该信号具有比原始数据信号更高的频率分量。这意味着信号带宽扩频到原始信号的带宽之外。在射频术语中，代码序列的位称为码片（以区分原始数据信号的较长的未编码位）。当发射的信号到达射频接收器时，将其与射频发射器中使用的扩频码相同副本相乘，从而得到原始数据信号的副本。

为什么要经历这么多麻烦？为什么不只发送原始数据信号，而是要进行这种代码序列乘法呢？答案很简单，执行此代码序列乘法可以让您获得更高的射频链路预算，这样您便可以在更远的范围内进行传输。

代码序列码片速率的 Lg 比率和数据信号的比特率称为处理增益（Gp）。即使信道具有负信噪比（SNR），此增益也可以使接收器恢复原始数据信号。与频移键控（FSK）调制相比，LoRa 具有出色的 Gp，可降低发射器输出功率等级，同时保持相同的信号数据传输速率和相似的链路预算。

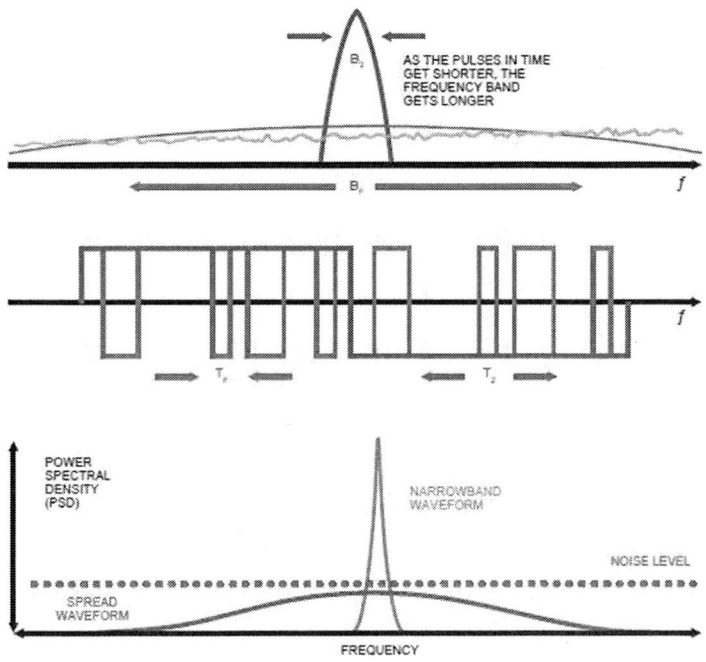

图 1-13 DSSS 系统载波相位发射器信号变化

DSSS 系统的缺点之一是它需要高精度（且昂贵）的基准时钟。Semtech 的 LoRa 啁啾扩频（CSS）技术提供一种低成本、低功耗且功能强大的解决方案来替代 DSSS，不需要高精度的基准时钟。在 LoRa 调制中，信号频谱的扩展通过生成频率连续变化的啁啾信号来实现，如图 1-14 所示。

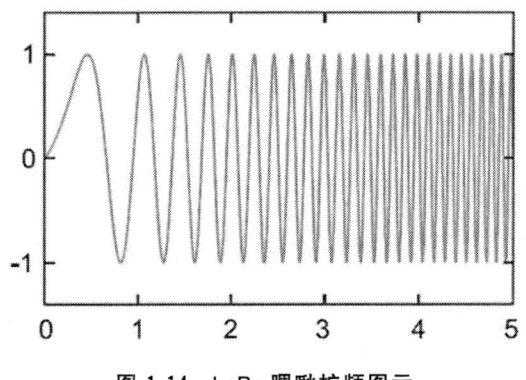

图 1-14 LoRa 啁啾扩频图示

该方法的优势在于，它使得发射器和接收器之间的时序和频率偏移等效，简化了接收器的设计和实现，降低了系统的复杂性。此啁啾的频率带宽等于信号的频谱带宽。将数据从终端设备传送到网关的数据信号以更高的数据传输速率进行分片,并调制到啁啾载波信号上。LoRa 调制还包括可变纠错方案(Variable Errow Correction Scheme),可改善发射信号的稳健性。每发送 4 位信息,会发送第 5 位奇偶校验信息。

1. LoRa 调制关键特性

通过将数据信号与扩频码或码片序列相乘,在射频信道中引入 LoRa 处理增益。通过增加码片速率,增加了总信号频谱的频率分量。换句话说,总信号的能量现在分布在更宽的频率范围内,从而使接收器能够识别出具有较低(即更差)信噪比(SNR)的信号。

用 LoRa 术语来说,应用于原始数据信号的扩频码量称为扩频因子(SF)。LoRa 调制共有六个扩频因子(SF7~SF12)。所使用的扩频因子越大,信号将能够传播得越远,并且仍然可以被射频接收器正确接收。表 1-1 显示了可用于 125 kHz 信道上的上行链路(UL)消息的四种不同扩频因子(SF7~SF10)。它显示了等效的比特率以及估计的范围(这取决于地形;在农村环境中将比在城市环境中实现更远的距离)。它还显示了停留时间或传输时间(TOA),值为四个扩频因子中的每一个扩频因子的 11 字节有效载荷。通过 500 kHz 信道的下行链路消息广播可使用所有六个可用的扩频因子(SF7~SF12)。

表 1-1　LoRa 扩频因子

Spreading Factor (For UL at 125 kHz)	Bit Rate	Range (Depends on Terrain)	Time on Air for an 11-byte payload
SF10	980 bps	8 km	371 ms
SF9	1760 bps	6 km	185 ms
SF8	3125 bps	4 km	103 ms
SF7	5470 bps	2 km	61 ms

重要的是,LoRa 调制扩频因子本质上是正交的。这意味着使用不同扩频因子调制并在同一频率信道同时传输的信号不会相互干扰。相反,不同扩频因子信号对彼此而言只是噪声。LoRa 信号很稳健,并且具备很强的抵抗带内和带外干扰机制的能力。LoRa 调制还具有抵抗多径和衰落的能力,因此非常适合在两种机制都产生重大影响的城市和郊区环境中使用。所以,多普勒频移会在基带信号的时间轴上引起较小的频移。此频率偏移容差降低了对严格容差基准时钟源的要求,使得 LoRa 非常适合来自移动设备的数据通信。

可从 LoRa Alliance © (https://lora-alliance.org/resource-hub/rp002-100-

lorawanr -regional-parameters)获得的 LoRaWAN 地区参数文档,其中定义了每个地区的 LoRa 调制特性。在北美,已定义 64 个 125 kHz LoRa 上行链路信道,以 200 kHz 栅格为中心,如图 1-15 所示。还定义了 8 个 500 kHz 上行链路信道以及 8 个 500 kHz 下行链路信道。在北美,网关最多可以具有 64 个 125 kHz 上行链路信道以及 8 个 500 kHz 上行链路和下行链路信道。此类网关称为运营商级宏网关,仅用于户外。

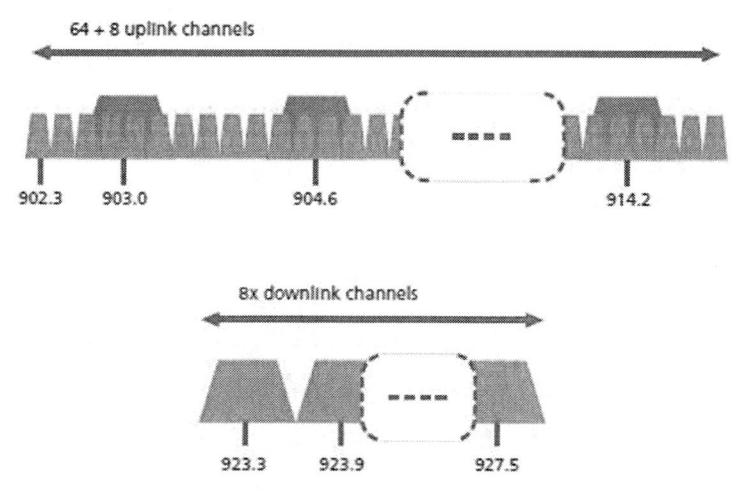

图 1-15 LoRa 调制特性

表 1-2 提供了另一种了解这些调制特性的方法。

表 1-2 LoRa 调制特性

Data Rate (DR)	Spreading Factor (SF)	Channel Frequency	Uplink or Downlink	Bitrate (Bits/Sec)	Maximum User Payload Size (Bytes)
0	SF10	125 kHz	Uplink	980	11
1	SF9	125 kHz	Uplink	1,760	53
2	SF8	125 kHz	Uplink	3,125	125
3	SF7	125 kHz	Uplink	5,470	242
4	SF8	500 kHz	Uplink	12,500	242
5–7					
8	SF12	500 kHz	Downlink	980	53
9	SF11	500 kHz	Downlink	1,760	129
10	SF10	500 kHz	Downlink	3,125	242
11	SF9	500 kHz	Downlink	5,470	242
12	SF8	500 kHz	Downlink	12,500	242
13	SF8	500 kHz	Downlink	21,900	242

(1) LoRa 物理层旨在低吞吐量、低数据速率和高链路预算(即"远程")应用。

(2)对于固定的信道带宽,提高扩频因子和处理增益,从而增加灵敏度,继而增加链路预算。然而,相应的传输时间也会增加。

(3)扩频因子之间的正交允许在相同的信道频率和相同的时隙中传输多个LoRa信号。

(4)对于固定的射频,随着比特率的降低,较窄的带宽将提高灵敏度。

(5)北美的LoRaWAN使用125 kHz上行链路信道和500 kHz上行链路和下行链路信道。

(6)编码率是通过用于检测错误并对其进行纠正的前向纠错(FEC)技术实现的冗余度。对于LoRaWAN协议,此比率固定为4/5。

LoRa是恒定包络调制(非常低成本、高功率的功率放大器实施),它是现有最稳健、超低功率的远程射频解决方案。

2. 数据冲突和扩频因子正交

对于LoRa,使用不同扩频因子的数据包是正交的,这意味着它们彼此之间是不可见的;对于彼此而言,对方只是噪声。因此,两个采用不同扩频因子且同时到达同一接收信道的数据包不会冲突,并且两者都将由网关调制解调器芯片进行解调。但是,具有相同扩频因子的两个数据包同时到达同一信道可能会导致冲突。但是,如果其中一个数据包比另一个高6 dB,不会造成冲突。

LoRaWAN网络的容量取决于其网关密度。为了最大化网络的容量,使用自适应数据率(ADR)机制至关重要。ADR的主要目标是节省LoRaWAN终端节点的电池电量。通过使最接近网关的终端节点使用最低的扩频因子进行传输,可以最大程度地减少其传输的时间,从而延长电池使用寿命。较远的传感器以较高的扩频因子进行传输。考虑到较高的扩频因子可以使网关连接到更远的设备,因此需要在电池电量和距离之间进行权衡。

1.6 LoRa的射频参数

LoRa调制有三个重要的射频参数,分别是带宽(Band-Width,BW)、扩频因子(Spreading Factor,SF)和编码率(Coding Rate,CR),这些参数对于LoRa的通信性能和速率都有很大的影响[53]。

1. 带宽

信号带宽是指信号所包含的频率范围,通常用谐波的最高频率和最低频率之差来表示。在数字通信中,模拟信号可以通过抽样、量化和编码等操作转换为数字信号,而数字信号可以通过傅里叶级数进行编码,形成模拟信号。因此,任何信号都可以看作是多个正弦波的叠加。增加信号带宽可以增加数据速率,但会降低接收灵敏度。带宽越宽,信号中包含的频率分量就越多,各个频率分量之间的相互干扰也就会增加。LoRa 信号带宽与比特率对应关系如表 1-3 所示,其中比特率指每秒传送的比特数。

表 1-3 LoRa 信号带宽与比特率对应关系

带宽(kHz)	扩频因子	编码率	比特率(bps)
7.8	12	4/5	18
1.4	12	4/5	24
15.6	12	4/5	37
20.8	12	4/5	49
31.2	12	4/5	73
41.7	12	4/5	98
62.5	12	4/5	146
125	12	4/5	293
250	12	4/5	586
500	12	4/5	1172

带宽是指 LoRa 信号以载波频率为中心的双边带宽,取值范围为{7.8k,10.4k,15.6k,20.8k,31.25k,41.7k,62.5k,125k,250k,500k},单位为赫兹。当 LoRa 信号带宽小于 62.5 kHz 时,外围电路必须使用带有温度补偿的晶振,因此大多数 LoRa 应用使用 125 kHz 及以上的带宽以降低硬件成本。带宽可以影响 LoRa 的接收灵敏度,如公式 1-2[54] 所示。

$$S = -174 + 10 \cdot \log_{10} BW + NF + SNR \tag{1-2}$$

上述公式中,第一项是与接收机温度相关的热噪声,由 Semtech 公司进行测量;第三项是接收机的噪声系数,对于特定硬件是确定的;最后一项是接收机能够解调的 LoRa 信号的最低信噪比,也即是最低 SNR,它由扩频因子决定。可以看出,当其他条件相同的情况下,带宽越小,S 的数值就越小,这意味着接收灵敏度越高,通信性能越好。从信号干扰的角度考虑,增加带宽会增加信号中的噪声,从而降低通信性能。

带宽还可以影响通信速率。在 LoRa 调制解调芯片中,啁啾信号频率的变化速率等于带宽,如公式 2-2 所示[55]。因此,带宽越大,调制速率也就越快,通信速率也就越高。

$$Rc = BW \qquad (1\text{-}3)$$

2. 扩频因子

LoRa 采用扩频通信技术进行通信。在这种通信技术中,一个数据信号(0 或 1)会被一串有规律的信息码来代替,其中的一个编码信号称为码片(chip)。扩频因子是频谱扩展后码片速率和扩频前信号速率的比值,它决定了每个信息位发送的符号数量,扩频因子的取值通常为 2 的 n 次方(如 2、4、8、16…256 等)。当扩频因子变大时,就需要增加相应的码片来表示信息,这提高了信号的抗干扰能力并降低了误码率。但同时也会降低传输速率,因为单位时间可传达的信息总量会减少。表 1-4 展示了不同扩频因子所对应的解调器信噪比。在通信过程中,发送方和接收方必须使用相同的扩频因子来实现正交关系,才能进行通信。

表 1-4 LoRa 扩频因子选择

扩频因子(值)	扩频因子(码片/符号)	解调器噪比(SNR)
6	64	−5 dB
7	128	−7.5 dB
8	256	−10 dB
9	512	−12.5 dB
10	1024	−15 dB
11	2048	−17.5 dB
12	4096	−20 dB

假设在 LoRa 信号中,一个标准的上升啁啾信号的瞬时频率从 f_{mim} 到 f_{max} 可变化 N 次,因此可以产生 N 种不同时移的上升啁啾信号,这些信号能够表示 $\log_2 N$ 个比特的信息[11]。LoRa 调制中,扩频因子 SF 等于 $\log_2 N$,取值范围为 6 至 12。一个符号由 SF 个比特组成的二进制串组成,它使用不同时移的上升啁啾信号来表示。根据公式 1-3,可以得出符号的传输时间和传输速率,如公式 1-4[55] 和公式 1-5[55] 所示。

$$T_s = 2^{SF}/BW \qquad (1\text{-}4)$$

$$R_s = BW/2^{SF} \qquad (1\text{-}5)$$

公式 1-4 表明,随着扩频因子的增加,LoRa 信号的传输速率会降低。因此,LoRa 信号的通信速率会随着扩频因子的增大而下降。同时,扩频因子也会影响接收机所能解调的 LoRa 信号的最低 SNR,表 1-5 展示了不同扩频因子对应的最低 SNR。扩频因子越大,解调所需的最低 SNR 越低,即 LoRa 信号的抗干扰能力越强。根据公式 2-1,在其他条件确定的情况下,随着扩频因子的增加,S 的数值越低,则接收灵敏度就越高,即通信性能越好[53]。

表 1-5　扩频因子与解调所需的最低 SNR 的关系

扩频因子	6	7	8	9	10	11	12
最低 SNR	−5 dB	−7.5 dB	−10 dB	−12.5 dB	−15 dB	−17.5 dB	−20 dB

Semtech 公司称,处于同一个信道但使用不同扩频因子的 LoRa 信号之间彼此正交,不会互相干扰。LoRaWAN 利用这个特性实现了自适应速率机制,可以提高网络性能。

3. 编码率

在信息通信中,处理器只能处理数字信号。如果要处理模拟信号,则需要先进行采样、量化和编码等操作,将信号转换为数字信号进行处理。编码率指所得到信号数据流中有用部分的比例。当通信信道质量较差时,可以通过增加冗余信息来提高接收方信号的准确度。编码率与前向纠错能力成正比。编码率越高,链路抗干扰性越强。

LoRa 调制技术中,使用了前向纠错码编码(Forward Error Correction,FEC)技术,通过增加一些冗余信息降低由于短脉冲干扰引起的误码率。前向纠错码编码率的取值范围为{4/5,4/6,4/7,4/8},分别代表着对于每四个有效数据比特,增加 1 至 4 个冗余比特。根据公式 2-4,可以计算出 LoRa 信号的有效比特速率,如公式 1-6[55]所示。

$$R_b = \frac{BW}{2^{SF}} \cdot SF \cdot CR \tag{1-6}$$

通过公式 1-6 可以发现,随着冗余信息的增多,LoRa 信号的抗干扰能力增强了,但是 LoRa 信号的有效比特速率也随之降低。冗余信息使得 LoRa 信号变得更加冗长,可以提高接收成功率和信号质量,但同时也让传输的数据量变少了。

根据前文提到的三个射频参数(带宽、扩频因子和编码率)对 LoRa 通信的影响得出以下结论:LoRa 信号的通信性能和通信速率是互相影响的,二者不能同时得到最优化的性能。在使用 LoRa 无线通信技术时,需要根据具体的应用需求,在这些参数中做出权衡,选择最合适的射频参数组合。

1.7 LoRa 数据包结构

在包交换式通信网络中，单个数据消息会被划分成多个数据块，这些数据块被称作数据包。在 LoRa 通信中，数据包是数据传输的基本单位。它们由前导码、可选的报头和有效负载组成，如图 1-16[54]所示。

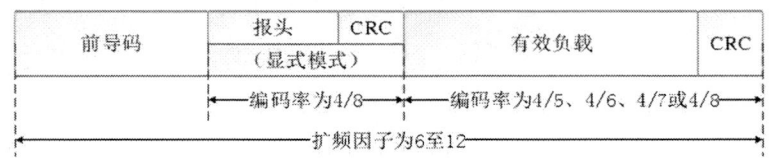

图 1-16 LoRa 的数据包结构图

LoRa 的空中传输时间对于前导码唤醒和数据超时等方面有着重要的影响，因此准确计算 LoRa 数据包的空中传输时间是深入研究 LoRa 技术的前提。LoRa 的空中传输时间是 $T_{package}$，前导码传输时间是 $T_{preamble}$，数据包传输时间是 $T_{payload}$，程序中设定的前导码长度是 $n_{preamble}$。

1. 前导码

前导码在 LoRa 通信中的作用是保持数据同步。前导码的长度可以通过调整寄存器的值进行修改，设定范围一般为 6 至 65536。在设计较为密集的接收应用时，可以通过减少前导码长度的方式来降低接收占空比，从而实现更好的能源管理和电池寿命[56]。此外，前导码还可以用于实现空中唤醒（Wake on Radio）的功能，从而进一步降低功耗。

在 LoRa 通信中，数据包由前导码开始，用于在收发两端进行时间同步。前导码由一系列数量可编程的标准的上升啁啾信号和 4.25 个固定符号组成，它的传输时间可以通过公式 1-7[54]来计算。

$$T_{package} = (n_{preamble} + 4.25) \cdot T_S \tag{1-7}$$

2. 报头

前导码之后可以包含一个可选的报头。报头的编码率固定为 4/8，且拥有一个单独的循环冗余校验（Cyclic Redundancy Check，CRC）。报头通常包括以下内容：有效负载的字节数、有效负载使用的编码率和有效负载是否带有 16 位的

CRC。当这些内容在收发两端都提前规定好后,可以使用隐式模式,即不包含报头,以减少 LoRa 数据包的传输时间。而在使用隐式模式时,有效负载的字节数和有效负载使用的编码率需要提前规定好,如果有效负载带有 CRC 校验,则需要额外的 4 个字节作为校验。

报头根据操作模式的不同分为显式报头和隐式报头。显式报头模式下,报头会包含有效负载的信息,比如字节数、是否使用循环冗余校验载荷 CRC、编码率和前向纠错率等。如果在某些通信协议下有效负载的相关信息是固定或已知的,可以使用隐式报头来减小报文大小,降低数据发送时间。需要注意的是,当扩频因子为 6 时,只能选择隐式报头,因为它可以提供最快的数据传输速率。

整个数据包的传输时间可以分为前导码传输时间和数据(包括可选报头和有效负载)传输时间两部分,具体计算如公式 1-8[54] 所示。其中,前导码传输时间可以根据公式 1-8[54] 来计算。

$$T_{package} = T_{preamble} + T_{payload} \tag{1-8}$$

$$T_{payload} = n_{payload} \cdot T_S \tag{1-9}$$

3. 有效负载

在数据传输中,有效负载带面是数据传输中的货物,也称为实际数据,是数据传输的最基本目的,它的长度可以根据应用需求自由设定。LoRa 通信中,有效负载的前几个字节可以用于对接收的数据包进行过滤,它可以用来判断数据包是否发送给本接收端,如果不是,则可以将接收器置于睡眠状态,从而降低功耗,提高系统的能效性。

有效负载符号周期 T_S 可根据公式 1-10 计算得出,其具体数值为 LoRa 符号速率 R_S 的倒数。

$$T_S = \frac{1}{R_S} \tag{1-10}$$

LoRa 的符号速率 R_S 可根据系统中配置的信号带宽(BW)、扩频因子(SF)、编码率(CR)、等参数按照公式 1-11 计算得出:

$$R_S = \frac{BW}{2^{SF}} \tag{1-11}$$

数据包空中传输时间 $T_{payload}$ 可由公式 1-12 计算。

$$T_{payload} = n_{payload} \cdot T_S \tag{1-12}$$

$n_{payload}$ 表示可选报头加有效负载的符号数,它的计算如公式 1-12[54]所示。

$$n_{payload} = 8 + max\left(ceil\left[\frac{8PL - 4SF + 28 + 16CRC - 20IH}{4(SF - 2DE)}\right] \cdot \frac{4}{CR}, 0\right)$$

(1-13)

上式中,PL 表示有效负载的字节数(取值为 1～255);SF 表示扩频因子(取值为 6～12);CRC 表示有效负载是否使用循环冗余校验(取值为 0 或 1);IH 表示是否使用隐式模式,0 表示显式模式,1 表示隐式模式;DE 表示是否使用低速率优化(取值为 0 或 1);CR 表示编码率(取值为 4/5、4/6、4/7 或 4/8)。

1.8 LoRa 的调制解调芯片

Semtech 公司推出的 LoRa 芯片主要分为单通道调制解调芯片和多通道调制解调芯片两种。单通道芯片如 SX1278 被广泛应用于节点设备,而多通道芯片如 SX1301 则被用于 LoRaWAN 网关。相对于多通道芯片,单通道芯片价格更低,但是其处理能力和系统灵活性也相对较弱。在中国,SX1278 芯片常用于物联网设备领域,其优点是低功耗、成本较低,适用于远距离传输和室内外覆盖广泛的场景。而 SX1301 则常用于基站和网关设备中,可以进行多信道、多网关的连接,具有更高的处理能力和更好的系统灵活性,适用于大规模物联网应用场景。

1. SX1278

SX1278 是一款半双工收发器芯片,它集成了 LoRa 和 FSK 两种调制解调技术,并可以在两种模式中任意切换。在 LoRa 模式下,它可以实现发送和接收 LoRa 数据包,以及检测信道是否空闲。同时,当芯片处于空闲状态时,可以进入睡眠模式以降低功耗。表格 1-6[58]列出了 SX1278 在不同工作模式下的功耗情况。

表 1-6 SX1278 的 LoRa 工作模式及功耗

工作模式	功耗	描述
Sleep	200 mA	睡眠模式,功耗最低
Standby	1.6 mA	静态模式,为 RX,TX 和 CAD 模式做准备
RX	12 mA	接收 LoRa 数据包
TX	100 mA	发送 LoRa 数据包
CAD	6 mA	检测当前信道是否空闲

接收信号强度指示(Received Signal Strength Indication,RSSI)是一种在无

线通信中用于评估接收到的信号强度的方法。然而,在 LoRa 通信中,由于信号可以掩埋在噪声电平之下,使用 RSSI 判断信道是否空闲的方法很难实现。为了解决这个问题,SX1278 采用了 CAD 模式来检测信道中是否存在与待发送数据具有相同频率、带宽和扩频因子的 LoRa 信号。CAD 模式只需要花费大约 2 个符号的传输时间来检测,即可得到检测结果,并发出相应的中断标志。本文运用了 LoRa 芯片的这一特性来实现低功耗唤醒功能。

2. SX1301

SX1301 是一款高性能的多通道半双工收发器芯片,同样集成了 LoRa 和 FSK 两种调制技术。在接收通道方面,它拥有一个标准 FSK 通道、一个标准 LoRa 通道和八个多速率 LoRa 通道[59]。在标准 LoRa 通道中,解调带宽可以配置为 125 kHz、250 kHz 或 500 kHz,解调扩频因子可以配置为 7 至 12 中的一个。因此,标准 LoRa 通道只能同时接收和解调一个固定速率的 LoRa 信号。而在多速率 LoRa 通道中,解调带宽固定为 125 kHz,可以同时接收扩频因子为 7 至 12 的 LoRa 信号。由于不同扩频因子的 LoRa 信号之间的正交特性,因此 SX1301 拥有 49 个虚拟的 LoRa 接收通道,为大规模节点连接提供物理层基础,并且是实现 LoRaWAN 通信协议和自适应速率机制的关键。

SX1301 芯片没有睡眠模式,一旦配置好参数并开始工作,其接收通道一直处于打开状态。然而,当芯片发送数据时,它会中断所有接收通道的解调。与 SX1278 不同,SX1301 没有 CAD 模式,因此无法检测信道是否空闲。

1.9 关于 LoRa 无线网络身份认证机制

目前可用于 LoRa 无线传感器网络身份认证的机制通常分为三类:基于对称密码算法认证、基于公钥密码算法认证和基于秘密共享认证。这些机制旨在保护通信数据的安全和保密性,以防止攻击者窃取、篡改或伪造数据[60]。

1. 基于对称密码算法的安全认证机制

在 LoRa 无线传感器网络中,基于对称密码算法认证使用双方共享的密钥进行数据的加密和认证。通信双方在通信之前通过安全通道交换密钥,使用该密钥对通信数据进行加密或认证。接收方在收到数据后,使用对应的密钥进行逆向运算或校验,以完成身份认证或安全通信。

基于对称密码算法认证具有通信开销小、加密时计算量小、加密效率高等特点,对节点的计算能力、存储空间和功耗要求低,非常适合于无线传感器网络中终端节点的认证。

2. 基于公钥密码算法的安全认证机制

公钥密码算法[61]在传统网络安全认证中被广泛使用。在公钥密码算法中,通信双方使用对方的公钥对数据进行加密,收到消息后再分别使用各自的私钥解密。公钥密码算法具有公钥公开、私钥保密、安全可靠等特点,广泛应用于证书的颁发和验证、数字签名、密钥协商和加密通信等方面。

然而,由于公钥密码算法的通信开销较大、计算复杂度较高、需要较大的存储空间等因素,使得其不适合直接应用于带宽受限、终端资源受限的无线传感器网络中。因此,针对无线传感器网络的特点,需要对公钥密码算法进行优化,以满足安全和资源需求。常见的优化方式包括使用轻量级加密算法、缩短公钥长度、降低加密强度、采用安全的密钥管理和分发机制等。另外,也可以采用混合加密机制,将公钥密码算法和对称密码算法相结合,以达到性能和安全性的平衡。

3. 基于秘密共享的安全认证机制

基于秘密共享的认证是一种基于分布式密钥管理的认证方式。在该方式中,一个节点的密钥被分成若干份,分别存储在其他节点中。当该节点需要进行认证时,它需要向这些节点请求密钥分量,当收集到足够数量的密钥分量后,即可还原出完整的密钥。该认证方式采用多个节点对单个节点进行认证,无需进行复杂的加解密计算,因此具有较高的计算效率和安全性。

但基于秘密共享的认证方式会增加区域内的通信开销,因为需要向多个节点请求密钥分量,在特定情况下可能会导致消息碰撞和时延较长的问题。

1.10 LoRaWAN

1. 系统架构

在 LoRaWAN 的系统架构中包含了四种角色,分别是节点、网关、网络服务器和应用服务器[62],如图 1-17 所示。各个角色的详细介绍如下:

(1) 节点:带有单通道 LoRa 调制解调芯片的低功耗数据采集设备,为了延长电池的寿命,这类设备在大多数时候处于睡眠模式;

(2) 网关:通过 IP 回程线路接口将海量节点的数据转发到网络服务器的中间设备,带有多通道 LoRa 调制解调芯片,具有并发性强和接收灵敏度高的特点;

(3) 网络服务器:对接收的数据包进行解密、解码和处理,生成加密的 MAC 命令并在入网过程中生成网络密钥,以确保数据的安全传输;

(4) 应用服务器:负责应用数据的加解密以及动态入网过程中应用密钥的生成。

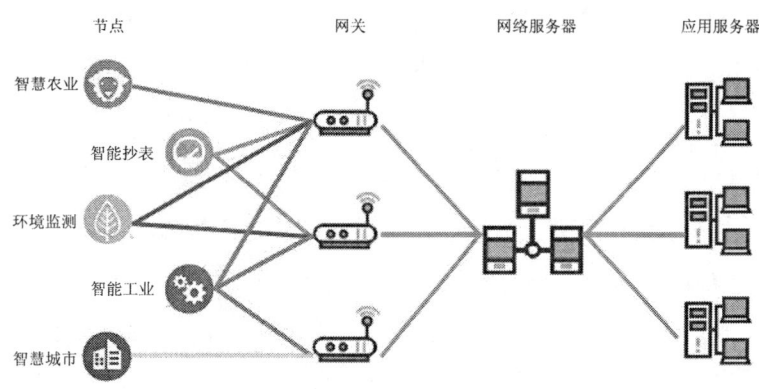

图 1-17 LoRaWAN 的系统架构

2. 通信协议

在 LoRaWAN 协议结构包括应用层、MAC 层和物理层三个层次,如图 1-18[62]所示。其中,物理层负责底层物理操作,包括 LoRa 调制,以及不同区域对 ISM 频段的限制和规定。

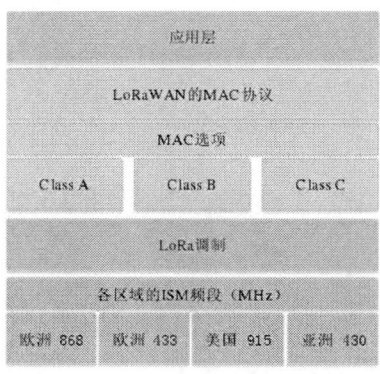

图 1-18 LoRaWAN 的协议结构

在 LoRaWAN 协议中，MAC 层是最重要的层次。为了最大化节点电池寿命，LoRaWAN 采用了基于纯 ALOHA 的 MAC 协议，即节点可以在任意时刻发送数据，无需采用监听机制。虽然这样的设计简单易行，但也会增加通信碰撞的几率。为了降低碰撞的几率，LoRaWAN 采用了两个方式：一是在网关采用多通道多速率的 LoRa 调制解调芯片，二是在 MAC 层实现自适应速率机制。

3. 通信时序

为了连接海量节点并延长节点电池寿命，LoRaWAN 采用了基于上行通信为主的设计，其 MAC 协议提供了三种选项：Class A、Class B 和 Class C，对应不同的下行通信时延。这些选项可以根据应用需求进行选择，以平衡延迟和电量消耗。

Class A

Class A 是 LoRaWAN 中 MAC 协议提供的最省电选项，采用异步方式进行上行通信。节点在没有上行通信需求时，会进入睡眠模式以节省电量。当有上行通信任务时，节点将立即准备数据包并发送。Class A 的通信时序如图 1-19 所示，在每次上行通信完成之后，节点会打开两个接收窗口。如果节点在第一个接收窗口接收到了来自网关的应答，则不再打开第二个接收窗口。然而，Class A 是下行通信时延最大的选项，网关需要等待一段时间直到目标节点的上行通信完成，然后在固定时间内发送下行数据包。

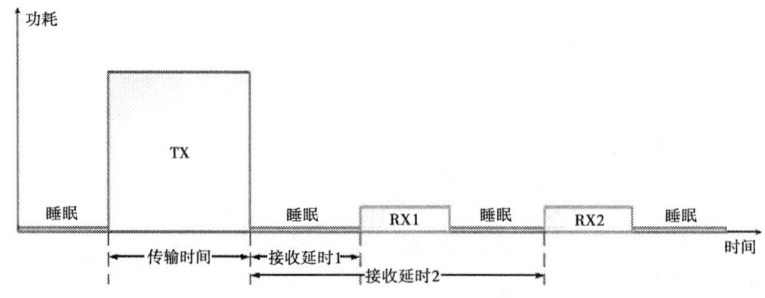

图 1-19　LoRaWAN 的 Class A 通信时序

Class B

Class B 是 LoRaWAN 中 MAC 协议提供的优化下行时延的选项，它在 Class A 的基础上增加了一些接收窗口。在支持 Class B 选项的 LoRaWAN 网络中，所有网关都需要配备 GPS 来实现精准的时间同步，并定期发送信标信号。节点可以根据接收的信标信号校准自己的时钟,然后在两个信标信号之间的固定时间内开启一些接收窗口,以等待下行通信。Class B 的通信时序如图 1-20 所示。相对于 Class A,Class B 选项的节点增加了一些电量消耗,但能够大幅度减少下行通信时延。

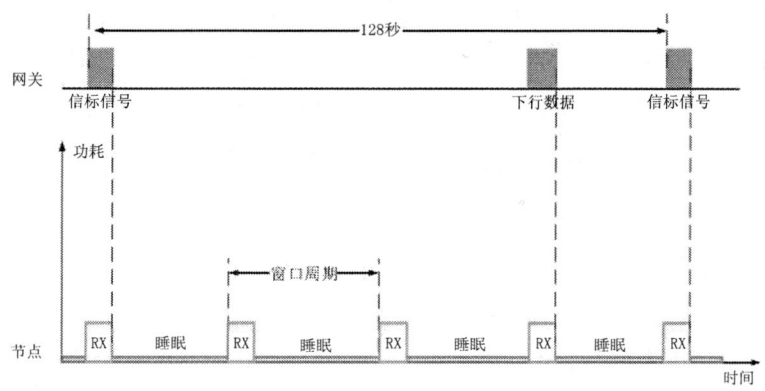

图 1-20　LoRaWAN 的 Class B 通信时序

Class C

Class C 选项在 LoRaWAN 中面向电源供电设备,相对于 Class A 和 B,它不受电量限制,因此节点能够一直开启接收窗口,从而最大限度地降低下行通信的时延。Class C 的通信时序如图 1-21 所示。除去上行通信时的节电睡眠外,Class C 选项的节点将一直处于开启接收窗口的状态。由于不限制上行通信的频率,Class C 选项的节点在网络中通常扮演着中继节点的角色,帮助转发其他节点的数据。

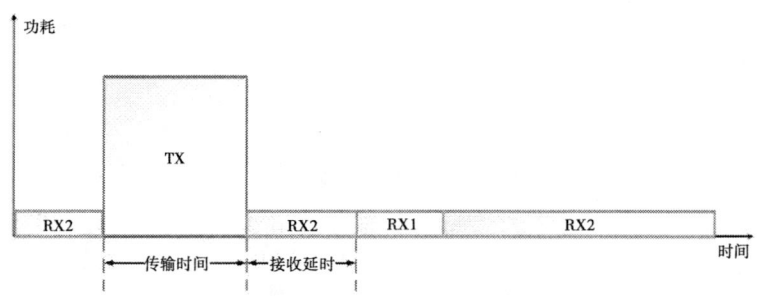

图 1-21　LoRaWAN 的 Class C 通信时序

1.11 基于 TDMA 的 LoRa 通信网络

LoRaWAN 中最初使用了基于纯 ALOHA 的 MAC 协议，但由于这种协议容易导致上行通信碰撞，从而浪费信道资源，因此人们提出了基于 TDMA 的 MAC 协议。相对于纯 ALOHA 协议而言，TDMA 协议能够最大化地利用信道资源，并实现无碰撞的上行通信。但基于 TDMA 的 MAC 协议对于精确的时间校准有一定要求，且相对于纯 ALOHA 协议，会产生一定的上行通信时延。根据网关是否按照一定的周期发送同步信号，TDMA 协议可分为同步 TDMA 和异步 TDMA 两种类型。

1.11.1 同步 TDMA

1. 通信时序

在同步 TDMA 的 LoRa 通信网络中，网关以一定周期发送同步信号，节点在固定时间内打开接收窗口以与网关完成同步，实现时间的校准。在网关发送两个同步信号之间的时间间隔内，网络划分出多个固定的时隙，每个时隙只允许一个节点进行上行通信，从而完全避免不同节点的上行通信碰撞。通信时序如图 1-22

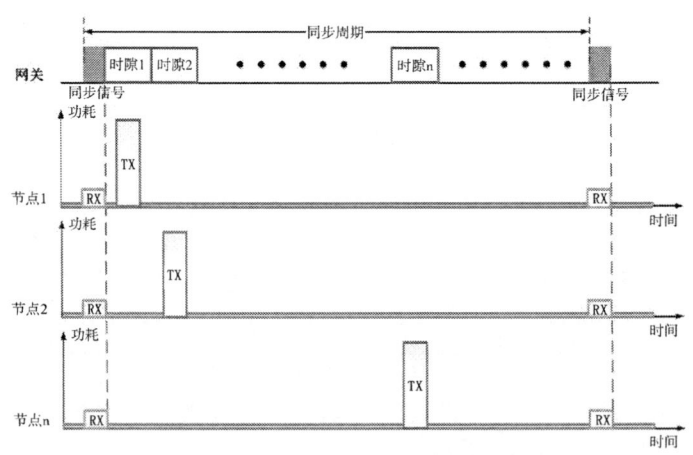

图 1-22 基于同步 TDMA 的 LoRa 通信网络的通信时序

所示。由于同步 TDMA 要求所有节点都在同步信号的时间窗口内完成时钟校准，因此节点数量受到一定的限制。在大规模部署时，同步 TDMA 的时间校准也需要付出一定的代价。

2. 改进方案

基于同步 TDMA 的 LoRa 通信网络虽然能够有效地解决上行通信碰撞的问题，但无法及时地上报节点发生的异步事件。为此，许斌[21]提出了基于 TDMA 的 MAC 协议 L-MAC。在 L-MAC 中，除为每个节点分配固定的时隙外，还额外划分了一些时隙用于节点间的竞争通信。在这些竞争时隙中，各节点通过竞争的方式上报异步事件。此外，在竞争时隙中，节点进入 CAD 模式检测空中是否有相同载波频率和射频参数的 LoRa 信号，若有，则进入 RX 模式接收网关的下行数据包。L-MAC 能够在解决上行通信碰撞的同时，实现低时延的下行通信，具有较好的实用性和可扩展性。

1.11.2 异步 TDMA

1. 通信时序

基于异步 TDMA 的 LoRa 通信网络中，节点不允许主动上行通信，由网关发起通信。由于节点需要延长电池寿命，大部分时间处于睡眠模式。当有通信需求时，网关将发送一个唤醒信号，节点通过周期进入 CAD 模式实现低功耗的唤醒功能。在接收到唤醒信号后，节点先检查地址是否与自身匹配，如果匹配，则根据唤醒信号的时间基准，在固定的时隙中依次回复网关。如果节点地址与唤醒信号的地址不匹配，则节点进入睡眠模式。此外，唤醒信号可分为单播唤醒和广播唤醒两种类型，根据唤醒信号中的地址类型，节点采取不同的唤醒方式，它们的通信时序如图 1-23 所示。

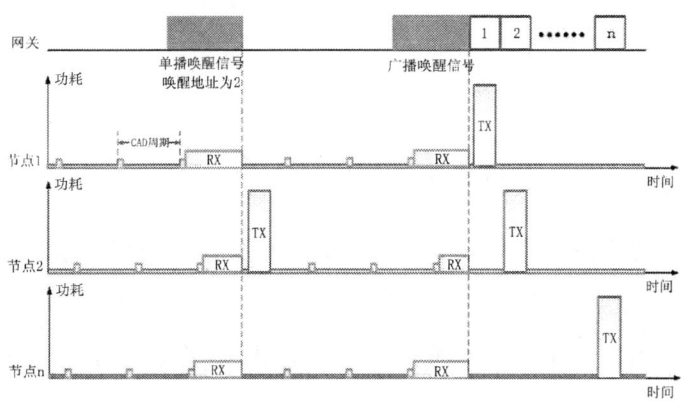

图 1-23　基于异步 TDMA 的 LoRa 通信网络的通信时序

2. 改进方案

借助 CAD 模式实现的低功耗唤醒方式可能会出现误唤醒的情况，进而增加整个网络的功耗。为了进一步降低功耗，在 Rajeev Piyare 等人的方案中采用短距离的唤醒无线电替代 LoRa 芯片的 CAD 模式，以实现更低功耗的唤醒方式。该方案的系统架构包含网关、节点和中继器三部分。当网络有通信需求时，网关先通过 LoRa 通信技术向中继器下发命令，中继器再使用唤醒无线电唤醒周围的节点，最终在固定的时隙中，各节点通过 LoRa 通信技术依次回复网关。

1.12 基于 LoRa 技术的无线传感器网络

无线传感器网络通常由传感器节点、网关（也称汇聚节点 Sink）和任务管理节点三部分组成[63,64]。传感器节点携带不同类型的传感器芯片随机部署在监测区域内，监测周围环境物理参数，各节点之间通过自组织方式构成网络，可通过单跳或多跳通信将采集数据发送给网关节点。网关节点将数据经 Internet、卫星、蜂窝网络等传输到远端管理节点，并接收来自管理节点的控制命令，对传感器网络进行配置和管理，完成任务下发和数据收集处理。典型的无线传感器网络结构如图 1-24 所示。

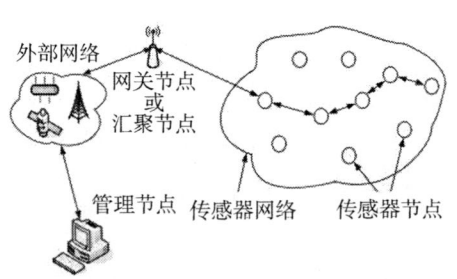

图 1-24 典型的无线传感器网络结构

无线传感器网络的传感器节点通常采用嵌入式系统结构，体积较小，计算资源、通信范围和存储空间相对有限，使用电池供电。传感器节点既扮演主机角色，又需要具备路由器的功能，根据网络制定的路由协议完成分组转发和路由维护。网关节点的处理能力、通信能力和存储能力较强，能量较为充足。它负责连接无线传感器网络和 Internet、蜂窝网络、卫星等外部网络，完成传感网络内部与外部网络协议栈之间的通信协议转换。网关节点接收传感器节点上传的数据并进行转发给外部网络,同时对来自管理节点的监测任务下发至各传感器节点。

1.12.1 无线传感器网络结构及特点

无线传感器网络的结构通常可以分为两种:分布式网络结构和层次式网络结构。其中分布式网络结构也称为平面结构,层次式网络结构也称为分级结构。

分布式结构是无线传感器网络中较为简单的一种结构,其中所有节点都是对等的,功能相同,包括软硬件资源,如图 1-25 所示。在分布式网络中,任意两个节

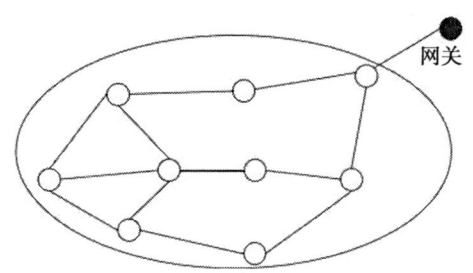

图 1-25 分布式网络结构

点之间可能存在多条路径,节点可以通过相应协议选择最优的传输路径或者平衡网络负载。当网络中某个路径中断或受到干扰,出现拥塞或使得链路质量下降的情况时,可以选择其他路径进行传输,因此,分布式结构具有较强的鲁棒性。但是,网络中各个节点之间都需要维护路由信息,尤其是在网络拓扑结构发生动态变化时,为了维护这些路由信息需要发送大量控制信息,这使得信道利用率极低,消耗大量节点能量,所以分布式结构只适用于小规模的无线传感器网络,可扩展性较差。

层次式结构将无线传感器网络划分为若干个簇,每个簇包含一个簇头和若干个簇成员,如图 1-26 所示。这些簇头可以是上一级的簇成员,从而形成更高一级的网络,以此类推,从而形成层次式的网络结构。簇头节点可以预先指定,或者通过一定算法[65]选出。簇成员之间相互平等,不同簇之间节点通信需要通过簇头。相比于分布式结构,簇成员的功能结构较为简单,不需要维护复杂的路由信息。成员节点直接将信息发送给簇头,由簇头通过单跳或多跳将信息转发给网关。因此,当需要扩大网络规模时,只需要增加簇头个数和延伸网络级数即可,网络扩展性强。其次,当网络结构受损时,可以通过一定算法重新选取新的簇头,具有较强

的抗毁性。然而,层次式结构也存在一些缺点。首先,簇头节点需要承担簇内所有信息的转发任务,导致簇头能量消耗过快,链路状态变差,可能成为网络中的瓶颈。其次,簇头节点的选取需要结合各类信息参数和使用多种算法,增加了复杂性。

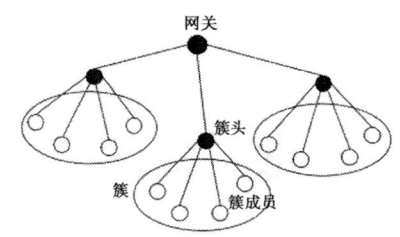

图 1-26　层次式网络结构

无线传感器网络相比于其他移动网络,具有以下特点:

1. 分布式及独立组网

与传统的蜂窝移动通信系统和无线局域网相比,无线传感器网络的一个显著优势是不需要基站或基础设施支持,在没有基础网络通信设施的情况下,节点可以自动、快速地组成一个无线传感器网络。这种特性使得无线传感器网络非常适用于各种非结构化环境下的监测和控制任务,例如野外环境、建筑结构等。

2. 终端数量众多、密度大

无线传感器网络主要用于监测区域内的数据信息,由于传感器节点在区域内是随机部署的,因此需要考虑节点密度等因素来提高采集信息的精度和准确性。适当增加节点密度可以提高监测区域内信息采集的准确性,但同时需要考虑能源和网络资源的消耗,使得节点的寿命得到最大化的延长。

3. 动态变化的网络拓扑

在无线传感器网络中,节点的位置可能会发生变化,同时也可能会受到多种因素的影响,例如环境、能量和干扰等,这可能会导致链路状态的变化,从而导致网络的拓扑结构发生变化,而这种网络拓扑结构的变化是难以预测的。

4. 多跳通信

无线传感器网络中的节点同时扮演着主机和路由的角色。由于通信范围和能量的限制,当需要进行跨越覆盖范围的通信时,节点无法直接进行单跳通信,需要通过多跳通信,通过中间节点进行数据转发。

5. 终端局限性

无线传感器网络部署范围广泛,所需节点数量众多,并要求节点体积小、功耗低、成本低。这些要求对于节点的运算和储存能力、发射功率、信号传输速率、距离以及服务质量带来了一定的限制。由于存储空间有限且使用电池供电,无法为终端提供强大的运算和大容量的数据存储。同时,功耗限制下,节点的发射功率受到限制,链路上的信号传输速率、距离和服务质量(Quality of Service,QoS)也会受到影响。

6. 安全性较低

由于终端节点在无线传感器网络中的移动性,网络的拓扑结构容易发生改变,相比固定网络更容易受到安全威胁。此外,由于节点的受限局限性,无法支持高复杂度和高安全级别的通信协议和加密算法,因此在选择相应的安全方案时可能会面临安全性较低的风险。

7. 以数据为中心

无线传感器网络中的传感器节点受能量供应限制,通常处于休眠状态,只有在定期唤醒后上传采集的数据时才会消耗大量的能量。因此,需要快速有效地融合和传输区域内各传感器节点的数据,以尽可能减少不必要的网络通信,从而最大限度地减少能量消耗。

1.12.2 无线传感器网络安全问题

1. 无线传感器网络安全威胁

无线传感器网络常常被部署在开放性区域,通常有大量分散的终端节点,并且依赖无线广播通信。网络的拓扑结构是动态变化的,并不固定,这些因素使得无线传感器网络更容易受到安全威胁。这些安全威胁通常可以分为节点安全攻击和网络路由协议安全攻击两种类型[66]。

针对节点安全攻击主要包括以下内容:

(1)窃听与流量分析。在无线传感器网络中,终端节点依赖于无线广播通信。由于传输是以无线信号的形式进行的,外部攻击者可以通过空中拦截这些无线信号的方式来窃听链路数据或进行流量分析,从而获取与终端节点相关的信息、敏感数据等。

（2）节点复制、捕获攻击。无线传感器网络通常部署在开放区域，终端节点直接暴露在环境中，并且通常是无人值守状态。这些终端节点通常具有简单的软硬件结构，容易受到攻击者的复制和捕获攻击，使攻击者可以冒充合法节点侵入网络。攻击者可以通过这些方式非法地获取或篡改终端数据，或者向网络中广播大量非法信息，从而扰乱网络通信。

（3）恶意节点入侵、DoS(Denial of Service)攻击。无线传感器网络的简单结构和低功耗要求导致终端节点软硬件功能相对简单，并且缺乏网络基础设施的支持。因此，节点无法支持高级别的安全算法，且存在一定的安全局限性，无法对节点进行有效的身份认证和接入控制。当恶意节点入侵网络时，它们可能会向网络中注入大量的虚假信息或重放数据包，从而耗尽网络资源，引发 DoS 攻击。

针对网络路由协议安全攻击主要包括以下内容：

（1）选择性转发。无线传感器网络没有网络基础设施的支持，节点数据需要通过多跳或单跳方式转发给网关节点。但是，恶意节点可以选择部分转发或不转发接收到的来自其他节点的数据包，这会干扰网络的正常传输并导致源节点的数据包无法成功传输给目的节点。

（2）Sinkhole 攻击。在无线传感器网络中，攻击者会通过广播方式向周围节点宣传其可以提供较高的服务质量（QoS）且能量充足，引诱周围节点将其作为路由网络中的关键节点。然后，攻击者会对接收到的数据进行选择性转发或篡改等操作，从而实现对传感器网络的攻击。

（3）Wormhole 攻击。这种攻击是由两个恶意节点串通发起的，其中一个恶意节点位于网关附近，另一个恶意节点则远离网关。这两个恶意节点会互相合作，远离网关的恶意节点会声称能够与网关附近的恶意节点建立 QoS 良好的通信链路，并引导周围节点把它作为路由的一部分。这就导致了一种名为 Sinkhole 攻击的攻击行为。此外，这种攻击还可以结合数据篡改、选择性转发等攻击实现 Wormhole 攻击效果。

（4）HELLO flood。在无线传感器网络中，传感器节点除了执行主机功能外，还需要维护网络中的路由信息。为了实现邻居发现机制，传感器节点需要定期向周围节点发送 HELLO 包。然而，恶意节点会通过增大广播功率扩大广播包的覆盖范围，从而使得网络中的一些非邻居节点误认为该恶意节点是邻居节点。当这些节点在发送数据包时,会选择该恶意节点转发,但实际上距离远远超过单跳距离,无法有效地传输数据包。

2. 无线传感器网络安全机制

为了防范和解决上述安全威胁,可以采取以下安全机制。

(1) 数据加密。数据机密性是最基本的安全特性,即对数据进行加密,以确保非法用户无法获取有用信息。此外还需要保证数据的完整性,因为数据在传输过程中可能受到中间人的截获、篡改或链路环境的影响,从而导致数据出错或丢失。因此,数据完整性的保证非常重要,它可以确保数据在传输过程中未经任何改动,接收者可以通过计算比对接收到的消息的校验码来验证数据的完整性。

(2) 身份认证。为身份认证的目的是对节点的身份进行认证,确保只有合法用户才能接入网络。之前提到过,恶意节点可能会冒充合法节点向网络发起入网请求。为应对这种情况,网络必须设置相关的安全准入机制,在与网络中的可信节点如网关、基站进行安全有效的身份认证后,才能允许节点加入网络与内部节点进行通信。如果节点未通过身份认证,那么就会被排除在网络之外,无法与其他节点进行通信。

(3) 密钥管理。保证数据加密认证和节点身份认证的有效性需要使用密码算法完成,而密码算法的关键在于密钥。密钥的安全性直接影响加密和认证的有效性,因此,密钥管理非常重要。密钥管理包括密钥生成、分发、使用、更新、撤销、销毁、存储、备份等。通过合理的密钥管理方案设计,可以确保数据加密认证和节点身份认证的安全和高效。

(4) 路由安全。路由协议是无线传感器通信的重要基础之一。为确保网络的安全,目前已经设计了多种安全路由协议。在设计路由协议时,除了考虑提高效率,还必须考虑协议的安全性。安全路由[67,68]协议可以从以下两个方面设计和考虑:一是通过数据加密和身份认证措施,确保路由信息的机密性和完整性,以及对接收数据源身份进行认证。二是增加多条备用路由,以增加信息传输的可靠性。若当前路由链路状态不佳,则可以重新选取备用路由中的一条进行传输,或者选取多条备用路由传输。

第 2 章 安全需求及挑战

无线网络移动带来了新的脆弱性,对比固定的有线网络环境,防火墙和加密技术等许多传统安全措施不再有效。因此,需要发展新的体系结构和机制来保护无线网络和移动计算应用。无线网络的脆弱性表现在以下几个方面:

(1) 在移动计算环境中,由于使用无线链路连接网络,因此更容易受到恶意攻击,从被动窃听到主动干扰都有可能。相比有线网络,无线网络没有一个明确的防御边界,攻击者可能来自任何节点,每个节点都必须面对攻击者的直接或间接攻击。攻击可能导致机密信息泄露、消息篡改和节点伪装等破坏。

(2) 由于节点可以独立移动并具有自治性,缺乏足够的实体防护,容易受到窃听、破坏和劫持的攻击。全球范围内追踪特定移动节点是难以做到的,因此攻击者可以通过已被入侵的节点对网络内部实施攻击,难以检测。所以移动节点及其体系结构必须能够在没有可依赖的环境中运行。

(3) 在移动计算环境中,决策是分散的,而许多网络算法需要所有节点共同参与和协作。缺乏集中管理机制意味着攻击者可能会利用这一弱点实施新的攻击来破坏协作算法。

无线网络安全解决方案与传统网络有着相同的目标,即保证信息的机密性、完整性、认证、新颖性、访问控制以及入侵检测正常等[69],但是由于无线网络的资源受限、容易受到各种攻击和存在许多安全问题,因此采用传统的公钥密码体制来解决安全问题变得更加困难。为解决无线网络的安全问题,目前采用的通用安全体系架构分为三层,即安全原语层、安全服务层和安全应用层,如图 2-1 所示[70]。其中,安全原语层提供基础的安全算法和协议,安全服务层提供高层安全通信和管理服务,而安全应用层则实现特定应用场景的安全需求,如虚拟私人网络和无线局域网等。

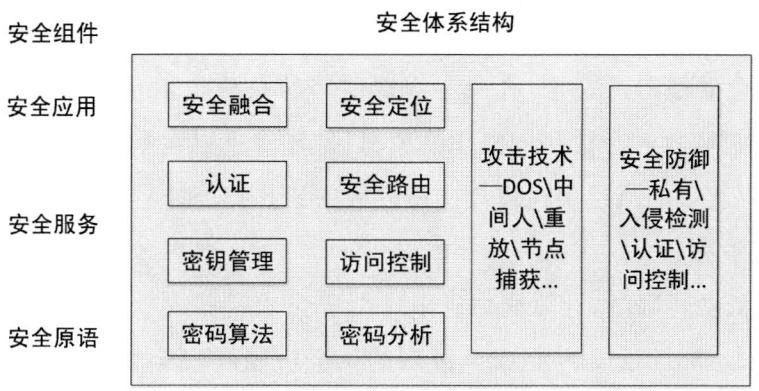

图 2-1 网络安全体系架构

LoRa 作为一种新兴的 LPWAN 技术,在安全问题上与传统物联网具有相似之处,但也存在一些较大的区别,尤其在硬件设备、网络通信和业务需求等方面。虽然 LoRa 在沿袭传统安全风险的同时也受到传统安全问题的影响,但由于 LoRa 终端规模巨大、保障难度高,传统安全问题的危害在此环境下会被急剧放大。因此,LoRa 作为一种新兴的 LPWAN 技术面临着前所未有的安全风险。

1. 业务安全

(1) 业务安全防护不足。由于 LoRa 覆盖的业务种类和规模不同,其面临的业务安全防护问题不同,也无法提供多级别的安全防护措施。

(2) 业务逻辑、协议存在漏洞。由于 LoRa 与各行业深度融合,涉及的业务逻辑复杂,使用的协议也不尽相同,因此存在安全漏洞的风险。

2. 网络安全

(1) 终端规模巨大易导致大规模网络攻击。LoRa 物联网终端数量巨大,若被黑客恶意控制,则可能发起大规模 DDoS 攻击,可能导致网络异常,甚至大规模断网。因此,LoRa 网络需要具备应急管理和控制能力,及时阻止大规模攻击,以降低危害范围,确保网络的安全和稳定。

(2) 网关作为网络核心节点,缺乏安全防护机制。LoRa 网络中,终端需要先与网关通信,然后由网关将信息转发到网络服务器,这与传统物联网的感知层类似。因此,网关需要具备协议适配、协议转换、消息传输等基本功能,同时还要具备安全防护功能,以保障 LoRa 组网时的路由安全。

3. 终端安全

（1）预存储根密钥安全。LoRa终端使用的是确定性密钥预分配机制，采用AES-128密码。这种分配机制操作简单，只需要将密钥在制造时存储在设备硬件中。但是，黑客可能通过侧信道攻击窃取根密钥，一旦密钥被盗取，所有终端发送的信息都会被破解。

（2）受低功耗限制，计算能力有限。由于受功耗和成本的限制，LoRa设备通常计算能力较弱，无法实现高安全级别的认证机制和安全算法，且抵御暴力破解等攻击的能力较差。因此，它们容易被攻击、控制和入侵，存在严重的安全隐患。

物联网是由于互联网经过多维度的延伸和转变演化而来的一个新概念，它具有不同的组织形态、功能和性能要求。在物联网中，时效性、资源配置和安全可信性等方面都要求更高水平，这些要求在表2-1中有所体现。物联网安全概念并不是全新的，与互联网安全密切相关。攻击者所使用的攻击方法比传统环境更复杂，主要倾向于模块化攻击、大规模入侵路由器和网络存储以及操控工控设备。

表2-1 互联网与物联网的区别对比

	物联网	互联网
体系结构	分析感知层	无感知层
操作系统	嵌入式操作系统	通用操作系统
系统实时性	车联网以及工控等对于实时性等相关方面存在更高要求和标准	运行部分重启恢复、延迟以及停机
通信协议	Zigbee，蓝牙，WIFI及互联网协议	TCP/IP、HTTP、SMTP等
系统升级	转悠的软件硬件升级以及系统兼容性差等存在一定困难和挑战	通用系统的使用使得兼容性强且软件及硬件相对容易
运维管理	侧重对物联网设备远程控和管理	关注系统的响应与系统性能
漏洞分析	对于行业协议相对应嵌入式操作系统以及漏洞	通用操作系统对应的IP/TCP协议
开发流程	缺乏严格测试流程以及安全软件开发规范	在开发过程中具备严格测试流程以及开发标准
隐私问题	涉及个人生活信息及隐私	用户网络行为方面的信息
物理安全	在节点物理方面安全性相对薄弱	主机分布于受到保护的机房

资料来源：《物联网安全白皮书》

为了研究物联网的通用安全架构和安全策略，本文采用四层体系架构（感知层、网络层、平台层和应用层）对物联网进行分析。每个架构层都存在不同的安全问题和面临着不同的安全威胁，具体如表 2-2 所示，因此需要相应构建针对性的安全机制。

表 2-2 四层体系架构物联网面临的主要安全问题

安全问题	感知层	网络层	平台层	应用层
网络接口的安全性问题		√	√	√
网络服务的安全性问题		√	√	√
数据传输的安全性问题		√	√	
认证或授权不充分、不到位的问题	√	√	√	√
隐私安全问题	√	√		
云计算接口的安全性问题				√
移动接口的安全性问题	√	√		
安全配置的规范性、安全性问题		√	√	√
软件或固件的安全性问题		√		
物理设备的安全性问题	√	√		

1) 感知层的安全风险

在感知层中，由于终端设备的计算能力较弱，存储空间也较小，因此在提供安全保障和完成紧急恢复等功能方面会有限制。为了构筑感知层的安全，需要制定统一规范的安全标准、可靠的数据传输系统以及对终端设备或用户身份的有效识别。此外，对于广泛连接的大量终端设备，特别需要注意它们自身的安全，加强物理防护，完善软件更新机制等也是感知层安全需考虑的问题。

感知层的安全风险既包括终端设备的物理安全风险和软件安全风险，也包括网络通信安全风险、数据传输泄漏风险、恶意软件感染和服务中断风险等。表 2-3 详细列出了物联网中感知层存在的主要安全威胁，表 2-4 具体说明了关于物联网中感知层的主要安全威胁。

表 2-3 物联网中感知层存在的主要安全威胁

安全威胁	具体问题和描述
伪装攻击	攻击者通过相关技术手段伪装成物联网中某终端设备
未授权访问	攻击者通过伪装等方式，非法访问甚至控制物联网中端设备
可用性	由于受到攻击或威胁而导致物联网中的终端设备停止工作的问题
传输安全	在数据传输过程中面临的攻击威胁，如数据伪造、截获、中断传输等

续表

安全威胁	具体问题和描述
利己性	为节省资源或计算能力,物联网中的终端设备中止工作,进而导致故障
恶意代码	病毒、蠕虫、木马等可能导致物联网服务中断的程序代码
路由攻击	利用物联网端设备之间的网络路由线路发起的攻击
拒绝服务攻击	通过强制资源占有等方式拒绝终端设备或用户调用物联网的服务和资源

表 2-4 关于物联网中感知层主要安全威胁的具体说明

主要安全威胁	感知层网关	感知层终端节点	感知层终端
伪装攻击	√	√	
未授权访问	√	√	√
传输安全	√		
利己性	√	√	
恶意代码	√		√
拒绝服务攻击	√	√	√
路由攻击	√	√	√

2)网络层的安全风险

在物联网中,保障网络层中大量传输数据的机密性和完整性是最大的挑战之一。虽然网络资源和计算能力的限制可能使数据传输变得更为困难,但这并不应成为降低安全性的理由。除了机密性和完整性,隐私保护、身份识别、授权认证和密钥管理也是网络层面临的主要安全问题。随着物联网广泛使用各种无线网络通信技术,相应的机密性、完整性和可用性问题都需要被考虑。此外,不同通信网络运营商间参差不齐的安全管控能力也是网络层的重要风险来源之一。表 2-5 列出了物联网网络层主要存在的安全威胁,表 2-6 则进行了具体描述和说明。

表 2-5 物联网中网络层存在的主要安全威胁

安全威胁	具体问题和描述
传输安全	在信息传输过程中面临的攻击威胁,如数据伪造、截获、中断传输等
信息泄露	信息被攻击者截获或窃取
密钥管理	网络加密传输过程中的密钥协商、分配与管理
拒绝服务攻击	通过强制资源占有等方式拒绝调用物联网的服务和资源
恶意代码	病毒、蠕虫、木马等可能导致物联网网络传输服务中断的程序代码
路由攻击	利用物联网中网络路由线路发起的攻击

表 2-6 关于物联网中网络层主要安全威胁的具体说明

	机密性	完整性	隐私性	拒绝服务攻击	公钥基础设施问题	中间人攻击	伪造请求
跨层传输	√		√			√	√
传输安全	√	√		√	√	√	√
过度连接		√		√	√		
物理防护	√		√				√

3）平台层的安全风险

在物联网中，平台层通常存储大量用户信息和系统数据，因此容易成为攻击者的目标。同时，新的技术、如云计算、雾计算、边缘计算和大数据分析，带来了高性能和服务优化，但也引入了新的风险。平台层的网络和通信服务正常有序的工作非常关键，因为这些服务易受到拦截、窃听或拒绝服务攻击等，威胁平台层的数据安全。授权管理、身份认证和抗否认性也是平台层存在的主要安全问题。表 2-7 列出了物联网平台层存在的主要安全威胁。

表 2-7 物联网中平台层存在的主要安全威胁

安全威胁	具体问题和描述
隐私保护问题	关键隐私泄露或恶意位置追踪
身份伪装	攻击者伪装成合法设备或用户的身份
未授权服务	未经授权使用服务，授权设备或用户访问未订阅服务
否认与拒绝	否认某项工作已经完成或者没有完成
拒绝服务攻击	利用物联网中网络路由线路发起的攻击
服务信息安全	服务中的信息被攻击者篡改或操纵
重放攻击	重复发送某些信息，从而欺骗接收者，达到某种目的

4）应用层的安全风险

对于应用层，可扩展性和脆弱性等问题需要得到解决。平台层主要负责物联网系统与用户和应用程序之间的显性互联，因此需要确保这种交互的合法性、安全性和可靠性。应用层需要更好的安全性和隐私保护，防止数据泄露和攻击。表 2-8 详细列出了物联网中应用层存在的主要安全威胁，表 2-9 进行了具体的描述和说明。

表 2-8 物联网中应用层存在的主要安全威胁

安全威胁	具体问题和描述
错误配置问题	物联网中智能设备、网关等节点的配置错误
远程配置失败	无法远程实现接口或设备配置
管理系统失效	管理系统因为配置错误或受到攻击而失效
安全管理风险	系统中的安全日志或者密钥泄露

表 2-9 关于物联网中应用层主要安全威胁的具体说明

	节点故障	非授权访问	伪造	恶意代码	自私性	隐私泄露
病毒防护					√	
物理防护	√	√	√			
机密性	√				√	
完整性	√		√	√	√	
可用性						
访问控制	√	√	√			√
认证						√
护否认	√	√	√			√

物联网中,信息传输、读取、接收、计算和存储等操作不仅独立发生在某一层中,也可能在四层体系架构中交互完成,带来了更多的安全隐患和问题。表 2-10 列出了常见的跨层安全威胁及其具体描述,包括信任问题、隐私问题和身份认证问题等。

表 2-10 物联网中四层体系架构之间存在的主要跨层安全威胁

安全威胁	具体问题和描述
边界隐私信息泄露	隐私信息在不同架构层次边界区域缺乏安全保护
隐私信息的跨层传输	隐私在不同架构层次之间进行传输,且缺乏安全保护
身份伪装和欺骗	伪装身份在不同架构层次之间开展攻击

物联网面临的攻击模式和方式与互联网类似,但由于终端设备的广泛接入和无线传输技术的普遍使用等特殊因素,也具有一定的特殊性。目前常见的针对物联网的攻击手段包括以下方面:

(1) 窃听。窃听攻击是最通用的攻击手段,也是其他攻击的基础。窃听攻击目的在于获取物联网系统中的机密信息。为了防范窃听攻击,常用的方法是使用加密传输。但是,必须使用合适的加密算法,避免增加过多额外的计算和通信开销,同时能够妥善进行密钥的协商和分配。

(2) 欺骗。攻击者可能会使用伪造的身份或授权信息等方式,来非法获取一些服务。这种攻击手段中,中间人攻击是一种非常常见的欺骗手段。这种攻击方法主要是通过删除、修改或增加信息等方式,伪装成通信中其中一个参与方,以此获得其他通信方的信任并建立通信关系,从而获取所需的关键信息和数据。

(3)拒绝服务攻击。攻击者可能会利用针对物联网的可用性的方式,以拒绝服务攻击为例,比如通过频繁申请服务或查询来占用物联网系统有限的资源,使得合法用户或终端设备无法使用服务。这种攻击对于在物联网中使用受限资源的终端设备来说,是非常有效且致命的。

(4)未授权访问。主要分为两种方式,一是外部未授权用户或设备尝试获取系统服务和数据;二是内部授权用户或设备试图访问并非其授权范围内的物联网服务和数据。

(5)物理攻击。这是物联网中一种比较独特但非常有效的攻击行为。针对分布式布置在物联网感知层中的大量终端设备进行攻击,例如分布在室外或无人区域的一些终端传感器。由于这些设备无法得到实时监管和高等级保护,攻击者可以采用物理手段对它们进行破坏或劫持,从而实施攻击。

(6)其他攻击。主要利用物联网独特的特性来发起攻击,其中包括利用物联网混合网络的特性和物联网终端设备固件升级问题的漏洞等。

2.1 常见的入侵攻击

物联网系统威胁和攻击是利用分析网络中的信息来构建和执行攻击,而由于物联网系统中用户、服务器管理者和需要访问的人的身份不同,这些信息的复杂性也会不断变化。因此,保护物联网系统中的信息设备对于防范拒绝服务、攻击和入侵等威胁来说尤为重要。具体而言,入侵是指攻击者通过利用网络后门或漏洞对未经授权的数据或合法用户身份的网络进行非法入侵,从而可能造成严重的危害。

无线网络通常采用多跳方式进行通信,并且规模庞大,因此攻击者有更多机会对信息的正常传输进行攻击。节点可以采取各种相应的被动和主动防御措施来应对敌手对网络的攻击。被动防御指网络受到攻击之前节点采取的防御措施,如加密和认证技术。主动防御指主动发现网络中的各种攻击和已被入侵的节点来保护网络安全运行,也就是入侵检测技术。以下是对无线网络可能发生的入侵攻击的分析。

2.1.1 拒绝服务攻击

拒绝服务攻击(DoS)是攻击者通过各种手段，让目标机器无法正常提供服务。除了以网络带宽为消耗性攻击的手段，让目标服务暂停或服务器死机，任何让目标服务受到影响或损害的方式都属于拒绝服务攻击。这个问题一直没有得到很好的解决，主要是因为网络协议本身的安全缺陷，所以拒绝服务攻击成为攻击者的终极手段。攻击者在进行拒绝服务攻击时，通常会让服务器实现两种效果：一是将服务器的缓冲区填满，不再接收新的请求；二是采用 IP 欺骗的方式，让服务器断开非法用户的连接，从而也影响到合法用户的连接。拒绝服务攻击会在耗尽计算机资源(如 CPU 和内存)的情况下，无法处理合法的请求，例如发送邮件炸弹或滥用合法特征。

计算机网络带宽攻击和连通性攻击是最为常见的两种 DoS 攻击方式。带宽攻击是指以大量的通信流量冲击网络，消耗所有可用网络资源，最终导致无法处理合法的用户请求。而连通性攻击则是利用大量的连接请求冲击计算机，耗尽可用的操作系统资源，使计算机无法处理合法用户的请求。针对传感器网络的 DoS 攻击，常用的防御方法如表 2-11 所示。

表 2-11 传感器网络层次和 DoS 防御

网络层次	攻击	防御
物理层	干扰台 消息篡改	频谱扩展、信息优先级、低责任环、区域映射、模式变换 篡改验证、隐藏
链路层	碰撞 消耗 不公平	差错纠正码 速率限制 短帧结构
网络层	忽视和贪婪 自引导攻击 方向误导 黑同	冗余、探测 加密、隐藏 出口过滤、认证、监测 认证、监测、冗余
传输层	泛洪 失步	客户端迷惑 认证

2.1.2 拥塞攻击[71,72]

由于无线环境是一个开放的空间,所有的无线设备都共享这个空间。因此,如果两个节点在相同的频段上发射信号或者其频点很接近,就会发生相互干扰,从而导致无法正常通信。恶意节点可以在工作频段上持续发射无用信号,从而引发拥塞攻击。这种攻击方式会导致恶意节点通信范围内的所有节点都无法正常工作。当拥塞攻击的节点数量达到一定程度时,整个传感器网络就会面临瘫痪。

针对拥塞攻击,传感器网络的应对方法有以下两种:

(1) 针对能量有限的持续拥塞攻击,传感器节点可以采取以逸待劳的策略来应对。具体而言,当受到攻击时,传感器节点不断减少自己的工作时间,并定期检测攻击是否存在。同时,节点可以改变自身的工作策略,以适应当前攻击的情况。一旦感知到攻击中止,节点再恢复到正常的工作状态。

(2) 当攻击者采用间歇式拥塞攻击时,为了充分利用攻击间歇期间的有效时间,传感器节点可以进行消息转发来应对这种攻击。如果攻击者使用的是局部攻击,节点可以在攻击间歇期间通过发送优先级较高的消息告知基站自己遭受拥塞攻击。基站在接收到所有节点的拥塞报告后,可以在整个网络拓扑图中描绘出受攻击区域的轮廓,并将此拥塞区域通知给整个网络。其他节点进行通信时,会将拥塞区域视为路由空缺,直接避开拥塞区域,将数据传输到目的地。

2.1.3 虫洞攻击

"虫洞"是一个计算机领域中的术语,它源于宇宙与时空领域的研究。在时空研究中,人们用"苹果和果肉"来形象描述这种现象:时空就像是位于苹果的表面,用苹果的皮展开成一个二维的平面。通过将苹果的内部连接起来,就可以形成"虫洞",从而创造一条连接时空相异两点的快捷通道。在计算机领域中,"虫洞"原理被广泛利用,例如人们利用此原理来缩短路径长度并实现"虫洞"路由(Wormhole Routing)。然而,恶意攻击者也可以利用"虫洞"的原理,对网络进行破坏,这种攻击被称为"虫洞"(Wormhole)攻击。

"虫洞"攻击是一种针对 AD-Hoc 路由协议的攻击,如图 2-2 所示,攻击者在网络中建立一条高质量高带宽的私有通道,从一个串谋恶意节点 X 到另一个串谋的恶意节点 Y。攻击者在 X 位置记录数据包或信息,通过私有通道将窃取的信息传递到网络的另一个位置 Y 处。由于私有通道的距离一般大于单跳无线传递,因此,通过私有通道传递的数据包比通过正常多跳路径传递的数据包早到达目标节点。如果攻击者忠实可靠的操作,这种攻击会提供一个有效的网络连接服务,因为它能够缩短数据包到达目标节点的时间。然而,如果攻击者是不忠实的,比如只传递控制信息数据包,或篡改数据包的内容,就会导致数据包丢失或破坏。虫洞攻击者能够利用位置来进行攻击,即使网络通信之间存在信任和身份认证,攻击者也可以进行攻击。此外,与路由协议中的恶意节点不同,虫洞攻击者是不可见的,对合法节点的影响会随着节点的移动而改变,两个之前通过虫洞连接的合法节点可能不再能够通讯。

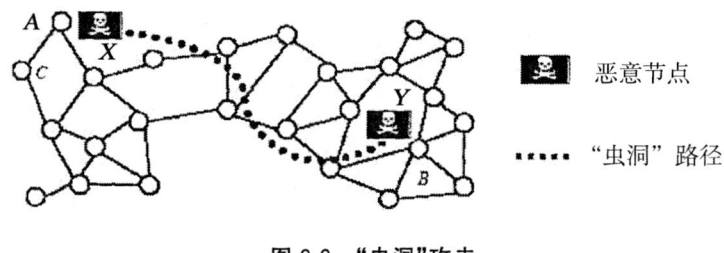

图 2-2 "虫洞"攻击

虫洞攻击通过创建比实际路径更短的虚假路径扰乱节点间距离的信息,从而使路由发现过程失败。例如,对于周期性路由协议 OLSR 来说,攻击者可以通过在虫洞中传递 HELLO 数据包来模拟节点之间的邻近关系,即使它们实际上并不是邻节点。因此,A 和 B 将认为它们相互为邻居,但实际上它们并不是邻节点,这将导致路由协议错误地找到路径。这种攻击会对位于虫洞两端附近的节点产生影响。例如,节点 A 广播到达 B 有一条路径,因此节点 C 将通过节点 A 向 B 发送数据包。虫洞攻击非常难以检测,因为它们用于传递信息的路径通常不是实际网络的一部分。此外,虫洞攻击还非常危险,因为它们能够在不知道使用的协议或网络提供的服务的情况下进行破坏。

2.1.4 污水池攻击

污水池攻击的目的是引诱附近所有流量通过一个失密节点,形成一个比喻性的污水池。攻击者位于污水池中央位置。由于数据包传输路径上的节点及其附近的节点有很多机会篡改应用数据,因此污水池攻击常常与其他攻击同时发生。

WSNS的特殊通信模式使其容易受到污水池攻击,因为大量数据包的目标节点是基站,因此失密节点只需提供到基站的单跳可达高质量路由,就可能影响大量传感器节点。

例如,如图2-3所示,一个攻击者使用无线传输功能的笔记本电脑,可拥有比普通传感器节点更高的计算能力和通信带宽,提供通往基站的高性能路由,然后广播这条路径,欺骗周围节点形成污水池。污水池也可能通过蠕虫洞形成。污水池攻击改变了网络数据的传输流向,破坏了网络的负载平衡,并为其他攻击方式如选择性转发提供了便利。由于无线传感器网络中大量的数据包多跳或单跳地传输到目的地,攻击者只需提供到目的地的高性能路由,就能够影响周围节点的路径选择,因此,无线传感器网络更容易受到污水池攻击的影响。

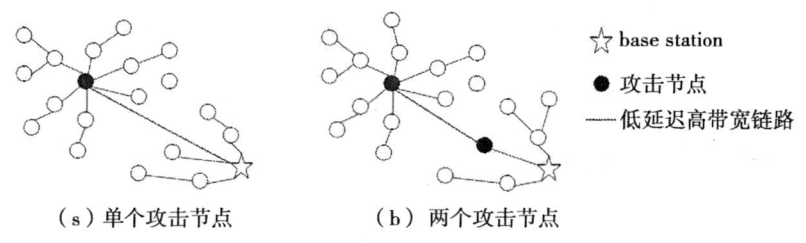

（s）单个攻击节点　　（b）两个攻击节点

图2-3　污水池攻击的两个例子

2.1.5 物理攻击

由于传感器网络规模较大,攻击者可以轻易攻击节点并获取敏感信息破解传感器网络的安全措施,由于传感器网络规模较大。防范措施应采用以下方法:增加节点物理损坏感知机制,在节点感知被破坏后可以销毁敏感数据或脱离网络以保护网络不受威胁。另外,节点可以对敏感信息进行加密存储,加密/认证密钥等各种安全密钥需要严格保护,敏感信息应尽可能存储在易失存储器上,否则就要先进行加密处理再存储,尽量减少敏感信息的泄露。

2.1.6 碰撞攻击

无线网络承载环境开放,数据传输可能会发生冲突,即碰撞,若数据包中有一个字节的数据发生冲突,则整个数据包都会被丢弃。为应对碰撞攻击,可以采用纠错编码或信道监听和重传机制。节点在发送消息前首先对信道进行监听,在信道预测空闲时开始发送消息,从而减少碰撞的可能性。对于需要确认的数据传输协议,如果接收方未收到数据包,则需要将数据包重传。

2.1.7 耗尽攻击

耗尽攻击是通过利用协议漏洞对节点持续发送数据包来消耗其资源的攻击方式。比如利用链路层的错包重传机制,使节点不断重发上一数据包,最终导致节点资源耗尽。在802.11的MAC协议中,存在RTS(Request to Send)、CTS(Clear to Send)和ACK(Acknowledgment)机制,如果恶意节点持续向某一节点发送RTS数据包,该节点就要不断发送CTS回应,最终导致节点资源被耗尽。

为了防范耗尽攻击,可以采取以下措施:一是限制网络数据包发送速率,节点忽略多余的消息发送请求,但这样可能会降低网络效率。二是对频率过高的请求不予应答,或对相同数据包的重传次数进行一定的限制,以避免节点资源被过度消耗。

2.1.8 HELLO泛洪攻击[73,74]

在许多协议中,节点需要广播HELLO数据包向邻居节点通告自己是它们的邻居节点。如果一个功能强大的攻击者以足够大的发射功率广播HELLO数据包,可能会让网络中的所有节点都错误地认为该攻击者是其邻居节点。然而,实际上该攻击者距离某些节点较远,节点发送的数据包可能根本无法到达目的地。进行HELLO泛洪攻击的攻击者并不需要构造合法数据流,只需要以足够大的功率重播偷听到的数据包,使得网络中的每个节点都能接收到。这种攻击对于那些依靠邻居节点间相互交换位置信息来维持拓扑结构的路由协议尤其容易生效。

为了防范HELLO泛洪攻击,可以采取以下措施:

(1)在链路上传输信息时,对链路两端进行双向验证,已有的身份验证协议可以用来预防HELLO泛洪攻击。

(2)由可信任的基站使用身份认证协议验证每一个邻居节点的身份,以限制节点的邻居节点个数。当攻击者试图发起HELLO泛洪攻击时,需要被大量的邻居节点认证,这将引起基站的注意。

2.1.9 TCP SYN泛洪攻击

该攻击模型利用TCP协议的缺陷,向被攻击节点发送大量伪造的TCP连接请求,使得该节点的资源迅速耗尽。在 TCP 三次握手协议中,服务器在收到客户端的 SYN 连接请求时,不是立即建立连接,而是将该请求缓存为半连接并以 SYN+ACK 响应,等待客户端返回 ACK 信号才建立连接。如果服务器在发出 SYN+ACK 报文后无法收到客户端的 ACK 报文,则存储在服务器端半连接请求缓冲中的信息必须等待超时才能被清除并释放其占用的资源。

在 AD-Hoc 网络的组播场景中,如果存在外部攻击,即组外大量节点向该组播地址发送大量包含虚假 IP 地址的连接请求,而这些攻击节点不回复组播地址的 SYN+ACK 响应,则存储有该组播地址的节点的缓存队列会迅速填满,资源迅速耗尽,这些节点无法向其他邻居节点转发正常信息,从而导致整个组播组拒绝服务。如果存在内部攻击,即由组内大量节点发起的 SYN 攻击,这些攻击节点也不回复目标节点的 SYN+ACK 响应,则目标节点的资源也会迅速耗尽,导致正常的连接请求无法进入,从而导致组中的节点拒绝服务。为了防范这种攻击,需要采取一系列措施,例如限制网络数据包的发送速率、验证 TCP 连接请求的合法性、加强防火墙等。

2.1.10 UDP 泛洪攻击

该攻击模型利用 UDP 数据报文进行 DoS 攻击。攻击者向目标主机的一个或多个 UDP 服务端口发送大量虚假 UDP 数据包。由于 UDP 协议是无连接的,攻击者无需建立任何连接即可发送数据,当目标主机收到 UDP 数据报文时,会检查该报文是否为该端口正在等待中的应用程序发送的,若检查结果为该端口中不存在正在等待的应用程序,则目标主机会发送一个目的地址无法连接的 ICMP 数据包给源地址。由于 UDP 协议的这种无连接特性,只要主机开放有一个 UDP 服务端口,即可被攻击者利用来发动 UDP 泛洪攻击。该攻击会消耗目标主机的网络资源,从而导致拒绝服务攻击。

在 AD-Hoc 网络的组播场景中,外部攻击者可能向该组播地址发送大量 UDP 数据包。如果某些节点的端口中不存在正等待的应用程序,则目的地址无法连接的 ICMP 数据包将发送给攻击者的源地址。这会导致攻击节点和组播组之间的网络中产生大量无用数据流,逐渐占用整个网络的带宽,并可能导致拒绝服务。另一方面,如果存在内部攻击,组内节点可能发送大量 UDP 数据包,如果目标节点的端口中不存在正在等待的应用程序,将产生 ICMP 数据包发送给攻击源地址。这种攻击会导致攻击者和目标节点之间产生大量无用数据流,充斥着整个组播网络,从而引起组播组内部网络的拒绝服务。

2.1.11 Sybil 攻击

攻击者在 Sybil 攻击中会伪造大量虚假节点或冒充网络中真实节点的身份,在外界看来这些虚假节点是真实存在的合法节点。当其他节点向这些虚假节点发送数据时,实际上所有的数据都被恶意节点获得。Sybil 攻击属于内部攻击,攻击者可以伪装多个身份在多个位置出现,对地理路由协议造成了很大的威胁。

攻击者在这种攻击方式中可以伪装成任何合法节点或虚假节点,因此必须对节点身份进行认证。一种可能的解决方案是使可信任的基站与网络中每个节点都共享唯一的对称密钥,需要通信的两个节点可以使用 Needham-Schroeder 类似的协议相互验证身份并建立共享密钥。数字签名算法的开销较大,不适合应用于能量有限的传感器节点,但此解决方案较为有效且具有实用性。为了防止内部攻击者在网络中漫游并尝试与所有节点建立共享密钥,基站可以对一个节点的邻居节点个数做出限制。当节点的邻居节点超过一定数量时,基站将发送错误消息并采取一定的响应措施。

2.1.12 选择转发攻击

在基于多跳路由传输的传感器网络中,节点既是终端节点又是路由中继点,因此要求节点无条件地转发它所接收到的每个数据包。选择性转发攻击中,恶意节点拒绝转发特定的数据包并直接丢弃它们。然而,这种攻击存在一定风险,因为邻居节点可能会认为该路由已失败,并寻找另一个有效的路由。为了不被邻居节点察觉,攻击者可以采用一些巧妙的方法,如仅丢弃部分数据包,修改数据包中的部分信息,然后再转发它们,从而减少被邻居节点察觉的可能性。当攻击者位于数据传输路径上(例如,攻击者靠近簇头节点或基站时),选择性转发攻击造成的威胁更加严重。但如果攻击者不在路径上,只要监听到邻居节点传输的目标数据流,攻击者也可以采取某些方法来阻塞目标数据包的传输,从而成功地进行选择性转发攻击。

为了防范选择性转发攻击,可以使用多径路由的方法,这样即使某些消息被恶意节点丢弃,其他消息副本仍可通过另一条路径到达目的地。使用多径路由还有一个好处,当节点收到多条路径路由转发的消息后,可以通过对比发现其中某些信息的丢失或篡改,从而推测出恶意节点的位置,增强网络的安全性。此外,还可以使用信任机制,通过节点之间的信任值来评估节点的可信度,避免向不可信节点转发数据包。另一种方法是使用群组签名技术,群组签名允许节点以匿名的方式进行签名,并且只有被授权的节点才能验证这些签名,从而防止了不良节点的选择性转发攻击。

2.1.13 Sinkhole 攻击

Sinkhole 攻击旨在吸引区域内的大部分数据流量通过一个被攻击者控制的节点,从而建立以该节点为中心的 Sinkhole,该攻击方式可以和选择性转发等其他攻击方式相结合,使攻击者能够有选择地阻止或篡改受攻击区域中任一节点发出的数据包。在无线传感器网络中,所有数据包通常都会发送到同一个目标节点(例如基站),因此,攻击者只需提供一条连接到基站的高质量路由就可以对网络中许多节点造成影响。由于攻击者往往位于转发路径上或附近,选择这种路径进行数据传输的节点的数据包很可能被攻击者篡改或丢弃。为了防范 Sinkhole 攻击,可以采用多径路由、加密认证等方法。此外,使用区块链技术来保护网络也是一种发展趋势。区块链技术的分布式特性和不可篡改性可以提供一定程度的安全性,可以防止恶意节点建立 Sinkhole,以保障传感器网络的正常运转。

2.1.14 Wormholes 攻击

这种攻击需要两个恶意节点相互串通,在网络中合谋进行。这种攻击通常发生在一个位于基站附近的恶意节点和另一个远离基站的恶意节点之间。较远的节点会虚构一个低时延、高质量的链路,吸引周围的节点将其数据包转发到它这里,再通过隧道传送到另一个区域的恶意节点,并在该区域重放这些数据包。在这种攻击下,与基站距离较远的恶意节点实际上也是一个 Sinkhole。Wormholes 攻击可以与其他攻击如选择转发攻击、Sybil 攻击等相结合,图 2-4 是通过 Wormholes 攻击形成 Sinkhole 攻击的示例。

Wormholes 和 Sinkhole 攻击非常难以防御,特别是当这两种攻击结合使用时更为困难。Wormholes 攻击难以预防原因是攻击者可以使用一个私有的、传感器网络不可见的频带外信道发送信息。对于那些依赖广播信息,如剩余能量或端到端可靠性等协议来建立路由的系统。Sinkhole 攻击也是难以防御的，因为这些信息难以加以验证。

基于地理位置的路由协议可有效防御 Wormholes 和 Sinkhole 攻击。这是因为该协议只需要交换节点位置信息，不需要基站的参与就可以建立网络拓扑结构图。在该协议中，Wormholes 攻击中的虚假链路很容易被发现，因为"邻居"节点会发现距离已经超出正常无线通信距离。此外，由于基站位置已知，因此数据包将被自发地发送到基站，其他虚假的 Sink 节点很难创建 Sinkhole。

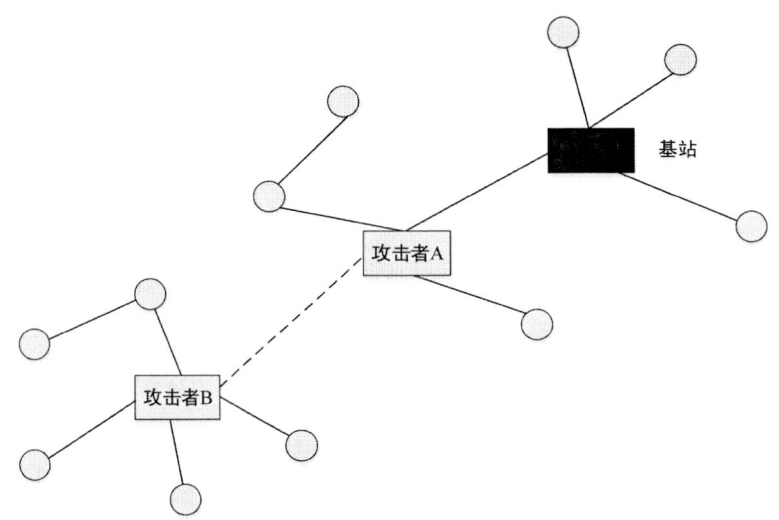

图 2-4 通过 Wormholes 攻击形成 Sinkhole 攻击

2.1.15 欺骗、篡改、重放路由信息攻击

这类攻击是针对节点间交换的路由信息的攻击，攻击者通过伪造、修改或重放这些信息，达到分割网络、增加端到端的时延等目的。这类攻击的根本原因在于节点不能验证信息的真实性，因为要验证一个节点所发信息的真假，必须随时了解整个网络拓扑情况。因此防御这类攻击比较困难，主要依靠网络中部署的入侵检测代理来检测、隔离这些入侵节点。

由于外部攻击者难以加入到合法的网络拓扑中，所以通过链路层数据加密和使用全局共享密钥验证可以有效地防止大多数外部攻击。通过对发送的消息使用全局共享密钥进行加密并计算消息认证码，节点可以有效认证接收到的消息，从而识别外部攻击者伪造、篡改合法信息。例如，在消息认证码验证下，Sybil 攻击的虚假位置信息将无法起作用,无法获得共享密钥的选择性转发攻击和Sinkhole攻击也无法进入网络拓扑,因此难以达到攻击目的。

尽管使用链路层加密和认证机制可以有效防御大多数外部攻击,但是Wormholes攻击和HELLO泛洪攻击却不受此类机制的限制。因为这些攻击并不对消息内容进行任何修改,仅仅使用加密和认证机制不能防范这类攻击。例如,攻击者可以在距离较远的两个合法节点之间(有数据流动)利用Wormholes建立一条隧道,使之误以为是邻居节点,但由于两个节点实际上不在相互通信范围内,从而导致数据包的丢失。在内部攻击或"叛变"节点存在的情况下,全局共享密钥的链路层安全机制对内部攻击者也将完全无效。因此,传感器网络安全仅靠加密、认证等入侵预防技术是不够的,需要主动的入侵检测技术来弥补防范措施的不足,实时检测并采取相应的保护措施来保证网络安全。

2.1.16 数据包嗅探攻击

攻击者使用数据包嗅探和抓取工具来窃听网络传输的数据流,截获数据包并提取其中的重要信息,然后利用这些信息实施网络攻击。

2.1.17 RFID 信号攻击

RFID是射频识别技术的缩写,广泛用于物联网设备的跟踪。RFID使用标签和信号进行设备之间的通讯,但这些标签和信号很容易受到欺骗、克隆或未经授权的访问等攻击方式的影响。一旦RFID的信号和标签被攻击者破坏,攻击者就能够获取其中重要的系统信息。

2.1.18 Sinkhole 攻击

通过利用Sinkhole攻击,攻击者可以控制网络中的节点来更改其路由信息,将虚假的路由信息发送给邻居节点,并让它们将错误的信息广播给自己的邻居,从而引起连锁反应,形成一个"漏洞",使得整个网络的流量必须经过被攻击者挟持的节点。这种攻击方式可以让攻击者获取所有的流量数据,并可能引发其他类型的攻击。

2.1.19 MITM 攻击

中间人(MITM)攻击是指利用网络安全漏洞,攻击者可以在两个网络或计算机之间窃听发送的数据信息。在此过程中,受害者可能无法察觉到攻击。攻击者在受害者之间插入恶意的中间节点,并与受害者建立通信,完全控制节点之间的通信。攻击者可以篡改数据,延迟或阻止转发等。通过在接入点使用强加密或使用虚拟专用网络(VPN),可以避免中间人攻击。

2.1.20 虚假路由攻击

攻击者会破坏路由表信息,更改其内容,导致路由绕过原本的节点,并欺骗网络流量去到错误的节点,从而导致丢包率增加、错误的路由信息传播、通信延迟增加等负面后果。

2.1.21 消息注入和重放攻击

消息注入(MI)攻击是指在网络中注入虚假的消息,而重放攻击是将以前的消息重新发送到网络中。在 CAN 网络中,攻击者可以利用某个 ECU 来控制 CAN 总线并注入虚假的消息。而重放攻击需要先存储之前的消息,然后在适当的时间将这些消息重新发送到 CAN 总线上。举个例子,攻击者可以存储车速表的读数,稍后再将它们发回网络中。

2.1.22 伪装攻击

发起伪装攻击需要攻击者渗透到两个 ECU(A 和 B)。攻击者会先监听 CAN 总线,了解 A 以何种频率、发送哪些消息,然后暂停 A 的传输并利用 B 来代表 A 制造和注入虚假的消息。

2.1.23 恶意软件攻击

恶意软件可能以病毒、蠕虫、间谍软件等多种形式存在,攻击者可以将它们利用通信接口的漏洞注入系统。例如,攻击者可以将恶意软件嵌入到多媒体文件中,利用多媒体系统固件中的漏洞使得恶意软件能够运行,并将虚假消息通过 CAN 总线发送,实现消息注入攻击、重放攻击或拒绝服务攻击。

2.2 常见的入侵检测

在无线网络领域,入侵检测的研究已经得到广泛发展,设计出了一些高效的入侵检测系统,这些系统通过持续监视用户、系统和网络上的行为来工作。通常,这些入侵检测系统都有一个中心实体来做出决策。虽然这些系统在理论上是有效的,但是由于无线网络的特性,将这些技术应用到无线网络上时,并不能产生预期的效果。在无线网络中,加密和认证等安全技术可以减少入侵,但不能将入侵完全排除。例如,加密和身份认证都不能抵御利用已经被破坏的节点实施攻击,因为这些节点通常带有私钥。而利用冗余信息实施完整性校验,则需要依赖其他节点的可靠性。因此,入侵检测成为抵御攻击的第二道防线。

入侵检测的基本假设是用户和程序的行为是可以被观察到的,而正常行为和非正常行为是有区别的。在无线环境下,入侵检测与有线网络不同,目前的研究也比较少。最大的不同在于无线网络没有固定的网络体系结构,而现有基于网络的入侵检测方法主要依赖于实时信息流分析,但是这种方法不适用于无线环境。在有线网络中,信息流的监视通常在交换机、路由器和网关处进行,但是在移动无线网络中并没有这样的信息流的集中点,这使得入侵检测系统不能收集整个网络的审计数据。因此,在任何时候,入侵检测算法只能运行在无线电波范围内发生的通信行为的局部信息上。

移动计算环境的另一个主要区别是通信模式。移动用户在通信方面比较受限,通常采用新的运行模式,例如不链接运行,即经常断开无线网络连接。这就说明移动环境中的异常模型不同于有线网络。在移动计算环境中,无法明确区分正常和异常。例如,一个节点发送虚假的路由信息,这个节点可能已经被入侵,也可能是由于不稳定的物理因素导致的短暂不同步。入侵检测要在实时入侵和误报之间做出区分更加困难。

入侵检测系统通过发现、分析和报告未经授权或恶意的网络活动来保障计算机网络信息的安全。随着攻击类型不断变化、多样化、混合化和协同式发展,越来越多的入侵检测方法已经不再局限于针对某种特定的攻击类型。入侵检测系统是计算机网络信息安全的卫士,能够及时检测出网络入侵行为并发出警报和响应,有效地避免网络安全事故的发生。目前,常用的入侵检测方法是利用收集到的入侵检测数据建模，对各种网络攻击行为进行分类，以便及时采取安全防范措施。

目前，入侵检测研究人员已经将基于深度学习和基于机器学习的算法如 K 近邻、决策树、极限学习机以及支持向量机 Support Vector Machine,SVM)等应用于入侵检测。自从 VapnikVN 提出 SVM 算法以来，许多研究人员已经将其应用于入侵检测领域，并取得了很好的成果。徐雪丽等人将 CNN-SVM 模型应用于入侵检测，首先将预处理好的二维数据输入到 CNN 中学习有效特征，然后通过 SVM 对低维特征进行分类，其准确率和训练速度都优于 GRU-Softmax 模型。在网络流量很大、复杂的网络环境下，入侵检测的识别率和稳定性得不到保证。面对高维和海量数据，提高入侵检测的分类性能尤为重要。

入侵检测算法可以识别针对网络资源的恶意外部操作，以及检测内部用户的违规或未授权的非法行为。当前，入侵检测算法主要分为三种：基于规则、基于统计和基于机器学习。尤其是基于机器学习的入侵检测算法，可以利用大量已有数据进行学习，从中发现内在规律，实现网络攻击行为的智能检测。机器学习算法具备预测未知攻击模式的能力，成了当下研究的热点。

随着网络入侵现象越来越普遍，如蠕虫病毒、DDoS 等网络攻击造成了严重的影响，信息安全已经成为社会关注的热点。为了保护系统资源免受网络攻击的威胁，网络安全专家提出了防火墙、用户认证、入侵检测系统等解决方案。其中，入侵检测系统(IDS)是一种重要的解决方案。

IDS 是网络安全系统中的关键组成部分，可用于判断和识别非授权访问、数据更改和信息损坏等功能，它被认为是继防火墙之后的"第二个安全门"。然而，在技术、成本和时间上，网络攻击方和防御方之间存在严重的不对等，因此，现有的入侵检测系统无法防御所有攻击，只能通过最大程度地提高性能来对网络攻击进行防御。入侵检测系统的检测机理是将流量数据的各种属性通过机器学习方法构建成检测模型，然后将待检测的流量数据通过检测模型进行判定，以确定它是正常的还是异常的。然而，在此过程中，仍然存在一些问题，例如数据特征未得到充分挑选、机器学习算法的任意结合导致时间复杂度高等问题。近年来，随着深度学习的发展和计算能力的提高，IDS 的性能得到了极大的提升。通过硬件加速和深度学习，IDS 系统可以自动、快速地学习数据特征，从而提高其性能。

恶意入侵者根据其目标和 CPS 安全漏洞的不同，采用的入侵方式也各不相同。工业控制系统中可恶意入侵的系统脆弱点如图 2-5 所示。

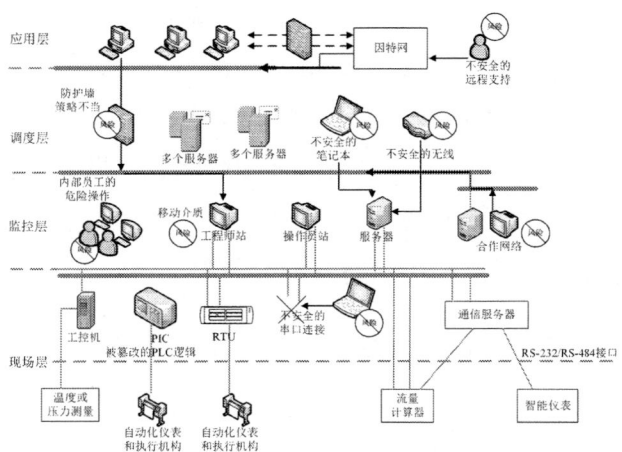

图 2-5　工业控制系统中容易遭受恶意入侵的脆弱点

为了防御恶意入侵，系统防御方从不同的角度出发，通过揣摩和研究入侵者的目的、能力和行为，采取不同的入侵检测策略。目前，CPSs 入侵检测可根据数据来源分为基于主机和基于网络的入侵检测；根据检测数据类型分为针对测量数据、控制数据和其他数据的入侵检测；根据检测依据分为已知攻击特征［误用（minuse-based 或 signature-based）或签名］和正常系统信息［异常（anomaly-based）检测］；根据采用的系统模型特点分为线性和非线性入侵检测技术；根据检测原理分为基于知识和数据驱动的入侵检测，其中残差生成法是基于知识的典型入侵检测方法之一，通常与观测器或统计分析相结合。

以电力 CPSS 为例，虚假数据注入攻击（falsedatainjectionattacks，FDIAs）对入侵检测的影响非常大。入侵检测在整个入侵防御过程中非常重要，它作为系统防御方采取后续措施的触发器。然而，一旦系统防御者检测到了恶意攻击，往往只能采取丢弃疑似被攻击的数据、隔离被攻击的设施等简单措施来减轻被攻击造成的影响。当攻击强度和范围不断加强、攻击的类型和模式更为复杂时，防御方可能无法及时发现攻击类型或精确定位攻击位置，从而无法实施有针对性和较为准确的入侵处理措施。此时，防御方只能通过扩大处理范围、进行区域化隔离或摘除受影响的设备等方式来尽量减轻被攻击造成的影响。此外，防御方还可以采取事前防护措施来提高系统的安全水平，如增加有效的安全设备、优化设备部署、布置冗余的传感器等。但这些方法可能会带来过高的成本。因此，防御方检测到攻击的发生并不能为后续采取的防御措施提供全面、细致的信息。入侵检测器产生的入侵警报无法从根本上降低恶意网络攻击对系统造成的伤害。

为了控制攻击对整个系统的伤害在可容忍范围内,需要深入研究带有攻击识别和其他拓展功能的入侵检测技术,以便后续防御措施的精确实施和有效减损。这些后续防御措施包括被攻击区域的最小范围隔离、各种弹性(抗攻击)控制策略的设计和选择。此外,攻击识别在系统超前防护中也起着关键作用,可以研究系统的脆弱区域和关键节点等,以达到提高系统的安全性的目的。

2.2.1 无线传感器网络入侵检测

虽然在无线传感器网络中已经广泛采用了加密、认证等入侵预防技术,但实践证明,仅依靠这些技术常常是不够的。此外,引入安全机制可能会使系统变得更加复杂,增加了更多的安全问题。因此,如何有效保护网络的安全,提高网络的安全防御性能,是无线传感器网络亟须解决的问题[75]。入侵检测作为网络防御的第二道防线,一旦检测到入侵,就可以启动相应的响应措施以阻止或减少入侵对系统造成的损害。

传感器网络的安全问题与AD-Hoc网络类似,但是由于无线传感器网络的独特性质,专门为AD-Hoc网络设计的入侵检测机制不能直接用于传感器网络。同样,由于传感器网络与传统网络的不同之处较大,传统的入侵检测技术也不适用于无线传感器网络[75]。因此,有必要改进现有的检测技术或设计新的检测方法,以适应无线传感器网络的特殊需求。为了满足传感器网络的需求,传感器网络中的入侵检测应具有其自身的一些特点:

(1) 传感器网络中的入侵检测应采用一种分布式的本地检测与全局检测相结合的协同检测方式。由于无线传感器网络中节点的通信范围有限,且网络中没有固定的基础设施,因此节点不能采集到整个网络的网络流量。单个节点无法对全网进行有效监测,因此每个节点不仅需要检测本地的入侵行为,还需要与邻居节点协作,才能对全网的入侵进行有效检测。

(2) 无线网络的特殊性导致攻击行为和正常行为之间往往没有明确的界限,符合网络安全策略的行为有时可能被错误地分类为入侵,而不符合网络安全策略的行为则可能只是由于无线信道的不稳定性等其他因素所致。例如,网络中通信信道突然不可用,很难确定是因为入侵导致还是由于无线信道通信质量差所致。

因此,传感器网络中的入侵检测系统应具备一定的容错能力,能够有效降低各种偶发性错误造成的系统误报率。

传感器网络是近年来新兴的一种网络,有关它安全方面的研究仍相对较少。特别是在网络入侵检测领域的研究才刚刚起步,目前国内外已有多位学者投入研究,相信未来会有更多的研究成果不断涌现。

传感器网络由于通常部署在恶劣甚至是敌对区域,容易受到捕获和攻击。因此,传感器网络入侵检测技术的重点是监测节点的异常情况和恶意节点的识别。由于资源有限且传感器网络易受到攻击,传统的入侵检测技术无法直接应用于传感器网络。传感器网络入侵检测由三个部分组成,分别是入侵检测、入侵跟踪和入侵响应,并按照顺序执行。首先执行入侵检测,如果检测到入侵,则执行入侵跟踪以定位入侵,最后执行入侵响应来防御攻击者的反击。该入侵检测框架如图 2-6 所示。

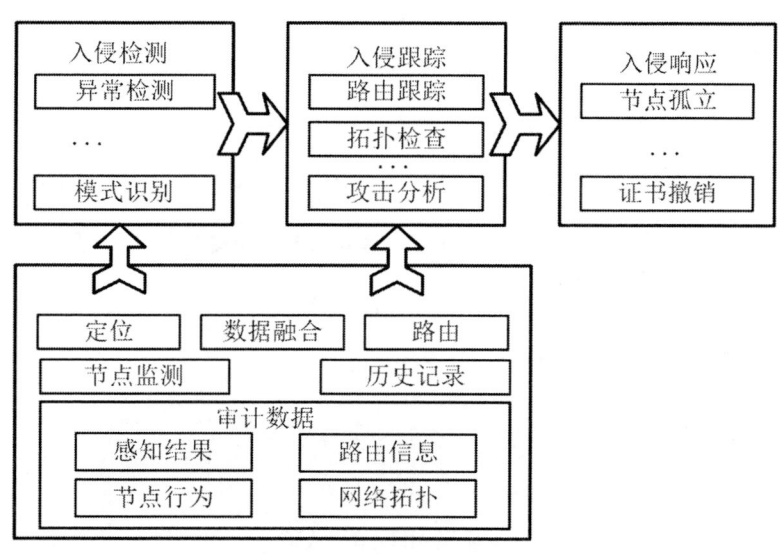

图 2-6 入侵检测框架

2.2.2 基于主机的入侵检测系统

早期的入侵检测系统结构基于主机的入侵检测系统 HIDS(Host Intrusion Detection System)。这种系统的主要目标是保护主机系统以及主机本地用户。其检测基本原理是通过监视和分析主机所生成的审计记录和系统日志来识别可疑事件,以确定是否存在入侵行为或已经有人成功入侵系统,并采取快速反应措施。其运行流程如图 2-7 所示。

在当前的环境下,仅依靠主机审计信息进行入侵检测已经不再现实。仅仅依赖分析主机审计信息来评估整个网络的安全性是不准确的。这种不准确性表现在以下几个方面:非常容易受到入侵攻击;会影响服务器的性能;只能检测到有限种攻击类型。尽管如此,如果入侵者已经越过网络中的安全防线并进入主机操作,该系统对于关键服务器的安全检测仍然非常有用。

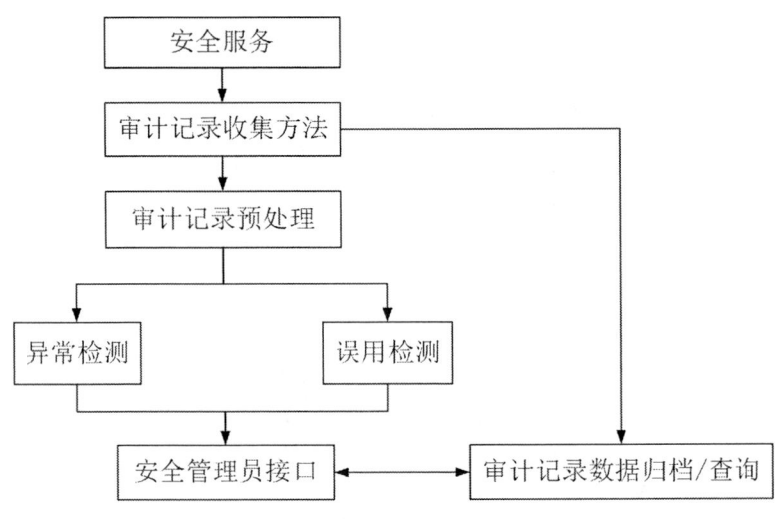

图 2-7 基于主机的入侵检测系统的模型

2.2.3 基于网络的入侵检测系统

由于基于主机的入侵检测系统已经很难适应网络安全的要求,因此基于网络的入侵检测系统模型应运而生。该入侵检测系统使用网络传输的数据包来分析入侵活动。其中嗅探器的功能是根据相应的规则从网络上捕获会影响系统安全的数据包,然后将其传递到入侵分析模块进行安全分析和评估。入侵分析模块会分析来自嗅探器的数据包以及网络安全数据库,然后将分析结果传递到管理模块进行进一步的配置操作。最后,以有效的方式将分析模块的最终结果通知网络管理员。

该系统具有以下几个优点:

(1) 服务器平台具有独立性,配置简单方便;

(2) 嗅探器能监视多种入侵攻击活动,因此能够检测到众多入侵攻击标记,该

系统也能检测网络型的入侵攻击活动;

(3)由于被检测数据的来源具有统一的格式,被应用于检测的数据包能够被轻松地程序处理。

虽然基于网络的入侵检测系统具备诸多优点,但同时也受到技术上的限制。虽然该系统能够检测到入侵攻击活动,但却难以将数据包信息与实际用户准确对应。尽管网络嗅探器能获取检测数据的来源,但由于广播网络被切割成小网络,使用嗅探器获取数据受到极大限制。此外,尽管网络数据包的加密处理有助于数据传输的安全,但它也限制了该系统发现非正常数据的能力,这可能被入侵者用于隐藏攻击活动。

2.2.4 基于属性分类建模的入侵检测

目前入侵检测领域的研究主要关注融合多种机器学习算法和高维数据特征提取。但这些方法可能会带来较大的时间和空间开销,或造成信息的损失。相较之下,保留单个机器学习算法的性能并充分利用原始数据的所有属性信息,可以作为提升入侵检测性能的有效方法。该领域的数据集通常由离散和连续两类属性组成,但传统入侵检测系统在构建判定模型时通常只考虑了其中一类属性的特征信息。为此,提出了一种基于属性分类建模的入侵检测方法(Atributes Classification-based Modeling IDS,ACBM-IDS)。该方法将数据集按离散和连续属性进行分类,分别构建判定模型,最后将两个模型的判定结果进行组合,以提升检测精度。

2.2.5 基于统计原理的异常入侵检测

统计方法是异常入侵检测系统中最早应用的方法,并且应用最广泛。它需要根据用户活动情况来建立相应的用户特征轮廓表,并通过与之前创建的特征进行对比,判断系统是否存在异常行为。该方法的优点在于无需不断更新和维护规则库,但其缺点在于难以实现实时检测。

典型的基于统计原理的入侵检测系统由误用检测模块和异常检测模块组成,其中误用检测模块和异常检测模块分别基于规则和统计分析。

2.2.6 基于神经网络的异常入侵检测

神经网络是一种使用可适应学习技术的入侵检测方法,其本身就具备学习能力,可以通过改变权值和连接来进行学习。该方法的处理过程通常分为两个阶段。第一阶段是构建入侵分析模型的检测器,对能够代表用户活动的历史数据进行训练,并将其移至网络中。第二个阶段是执行阶段,神经网络接收输入的事件数据,将其与历史活动参考数据进行对比分析,最终得出相似之处与不同之处。

这个模型采用了机器学习和深度学习等技术,建立了一种正常行为的模型。这种方法可以主动地学习正常行为,而无需任何统计假设,同时对处理噪声数据有良好的能力,并能更准确地识别异常行为。因此,使用神经网络进行异常检测已经引起了广泛关注。通常,无人监督学习被用作训练基于异常的入侵检测模型的方法,以区分输入数据和正常数据之间的差异,来检测未知攻击。然而,由于一些入侵行为的行为模式与正常行为相似,这种模型容易出现较高的误报率。

该模型是利用机器学习与深度学习等方法,建立了一种正常行为的模型。该方法在无任何统计假定的情况下,可以主动地学习正常的行为,并具有很好的处理噪声数据的能力,对异常行为的识别更为精确。因此,利用神经网络进行异常检测已引起了很多学者的关注。一般情况下,为了训练基于异常的入侵检测模型,一般都是使用无监督学习来进行对正常的数据的辨识。在识别输入数据与正常数据之间区别的基础上,实现了对未知攻击的检测。但是,这种模型存在着较高的误报率。这是由于存在着某些入侵行为和正常行为相似的情况。

2.2.7 基于专家系统的误用入侵检测

专家系统的优势在于可以从问题描述中剥离出系统的控制推理,并允许用户使用规则来输入入侵攻击活动。系统可以根据输入的信息来评估事实,并以审计事件的形式进行输出。专家系统的优点在于适应性强、成本低、危险性低、持久性、可靠性强、响应快、复合专家知识、具有智能家教以及智能数据库。但是入侵检测专家系统的缺点是不适合处理大批量的数据,没有提供对连续且有序数据的任何处理措施,并且无法有效处理不确定性。

早期的入侵检测系统通常使用专家系统来检测系统中的入侵行为。专家系统将入侵行为编码成规则,每个规则都具有"IF 条件 THEN 动作"的形式。条件是基于审计记录中某些域的限制条件,而动作表示在规则被触发时入侵检测系统所采取的处理措施。触发后的结果可以是一些新证据的断言,或用于提高某个用户行为的可疑度。这些规则既可以识别单个审计事件,也可以识别表示入侵行为的一系列事件。专家系统可以自动解释系统的审计记录,并判断它们是否符合描述入侵行为的规则。

但是,这种基于规则语言的方法也有其局限性。使用专家系统规则表示一系列活动不够直观,而更新规则也需要专业人员的参与。此外,使用专家系统分析系统的审计数据也非常低效。处理速度问题是基于规则语言的入侵检测系统只能作为研究原型的原因之一,如果要商业化则需要采取更有效的处理方法。

基于专家系统的误用入侵检测方法是最传统、最通用的误用检测方法之一,被广泛应用于许多经典的入侵检测模型中,如 MIDAS、IDES 等。

2.2.8 基于状态转换分析系统的误用入侵检测

状态转换分析系统(State Transetion Analysis System,STAS)采用系统状态和状态转换表达式来描述和检测已知的入侵攻击活动。基于状态转换的入侵检测方法的实现方法有很多种,其中最主要的包括着色 Petri 网和状态转移分析。着色 Petri 网技术被应用于系统,用来表示基于异常检测的智能入侵检测系统的入侵模式。而状态转换分析技术最初是在 STAS 系统中进行研究的,后来扩展到 USTAT 系统。NSTAT 是 STAT 系统的第二代系统,主要关注网络系统中的主机。

2.2.9 基于模式匹配系统的误用入侵检测

1995 年,Kumar 提出了模式匹配检测技术。该技术将已知的入侵活动特征转换成相应的模式,并存储在模式数据库中。在检测过程中,模式匹配会将发生的事件与入侵模式数据库中的模式进行匹配。如果匹配成功,则认为存在入侵攻击活动。模式匹配的基于误用的入侵检测方法是最基本的入侵检测方法之一,其优点在于简单、高效、可扩展性好以及实时性高。然而,由于该方法只适用于简单的攻击方式且存在较高的误报率,因此也存在不足之处。尽管如此,由于模式匹配实现和维护都非常方便,因此其应用范围仍然非常广泛。

2.2.10 基于 HCRF 模型的入侵检测

常用的机器学习算法,如神经网络模型、隐马尔可夫模型、条件随机场和支持向量机等,都被广泛应用于入侵检测领域。然而,随着对入侵检测技术的深入研究,经典机器学习模型的不足已经逐渐显露出来,不再适用于当今大数据时代的入侵事件检测技术。作为近年来比较热门的机器学习算法,条件随机场解决了使用隐马尔可夫模型或条件随机场模型带来的缺陷,并综合了两者的优点。在入侵事件检测和攻击行为分类的实验中,条件随机场取得了较好的分类检测结果。

2.2.11 基于概率统计模型的入侵检测

基于概率统计的异常检测方法是指根据用户的历史行为和系统的资源占用情况,对收集到的数据进行统计和概率计算,建立相应的模型并进行探测。此方法可学习用户的历史行为和资源占用情况,并生成代表性的行为数据库。当用户的行为与历史行为存在较大的统计误差时,便会被识别为入侵。

2.2.12 基于关联分析模型的入侵检测

关联分析模型是使用关联分析方法,在用户行为和资源利用状况中找到正常行为的特征,并将输入的行为与相应的特征进行对比,发现与正常行为不相符的情况,便判定为入侵。该异常检测方法在很大程度上依赖于选择正常特征的准确性,因此正常行为特征的选择对该方法的性能具有重要影响。

2.2.13 基于序列预测模型的入侵检测

基于序列预测的异常检测是基于计算机审计事件的时间排序进行分析的一种方法,通过对已有审计事件的分析,总结规律并不断添加新信息来得到更加精确的预测。在不断总结的过程中,规律会不断改变。

2.2.14 基于机器学习和深度学习的入侵检测

基于机器学习的入侵检测算法在网络安全防护领域得到广泛应用。这种算法将异常行为识别转换成模式识别问题,利用传输数据特征和已有数据记录来识别正常和异常的行为。这不仅提高了入侵检测效率,还降低了误报率和漏报率,具有广泛的应用前景。常用的基于机器学习的入侵检测算法包括神经网络、集成学习、K近邻、贝叶斯网络、聚类算法等。

异常检测算法是一种动态自适应的方法,需要根据入侵攻击不断更新规则和阈值。因此,该算法需要具备较强的动态调整性和自学习性。其中,罗等人提出了一种基于模糊支持向量机的入侵检测算法[76]，利用模糊聚类进行预处理和去噪，再将模糊隶属度因子导入支持向量机模型中，降低了人为选取向量机分类因子的主观性，并利用向量机模型进行降维处理和建立泛化模型，具有误检率低、复杂度适中的特点[34]。Safa 等人[77]提出了一种基于深度学习的入侵检测方法，利用集群受限玻尔兹曼机入侵检测系统(RBC-IDS)，在总体检测效率相近的情况下，提高了检测效率，解决了机器学习方法对特征值构建效果不好和高纬度数据集分类受限等问题。然而，机器学习和深度学习算法需要对节点的计算能力要求更高，这会增加无线传感器网络的负担，降低网络的寿命。

为了在 IDS 中实现高效入侵检测，研究人员提出了使用机器学习和深度学习算法，以网络流量数据为驱动，完成对正常行为和不正常行为的预测，机器学习算法使用特征建模方法提取网络流量中的特征，并对特征信息进行分类学习，而深度学习算法则使用深度结构学习原始数据中的复杂特征，完成分类任务。

2.2.15 基于 Snort 的入侵检测

Snort 是一种开放源代码的网络入侵检测和预防软件，最初由 Roesrch 开发。该软件使用基于签名的检测方式，并具有网络数据包嗅探功能。随着不断地重构和扩充，Snort 已成为最具灵活性和精确性的网络入侵检测系统之一。Snort 使用模块化的设计思想，因此用户可以自由设计需要的功能，并具有可自定义和可延展性的特点。通过规则语言定义的过滤规则，Snort 可以对网络中的数据包进行充分的解析，提取特殊的数据包，以实现入侵检测。当有新的入侵手段出现时，只需添加新的规则即可完成升级。Snort 是目前网络安全领域使用最广泛的入侵检测系统之一，但近年来也暴露了基于规则的检测所面临的局限性。

2.2.16 基于 Zeek 的入侵检测

Zeek 是一个开源的网络分析框架，最初由 Vern Paxon 在 1994 年开发，原名为 Bro，于 2018 年 10 月正式改名为 Zeek。它的软件架构由主要事件驱动器和策略程序解释器两部分组成。网络数据包首先被孤包程序捕获，接着传输到事件驱动器；该事件驱动器根据特定规则允许或拒绝这些数据包，从而实时分析网络流量。当特定规则得到满足时，将出现生成事件。该事件由策略程序解释器处理，解释器会根据策略程序来分析事件并创建对应的操作策略。策略程序使用具有图灵完备性的 Zeek 脚本编写。通过编写完善的策略程序，Zeek 可以专注于网络安全监测，包括网络入侵检测，具有适应性强、效率高、灵活、接口开放、支持应用层高级语义分析、提供取证功能等特性。

2.2.17 基于 OSSEC 的入侵检测

OSSEC 是一款开源的跨平台入侵检测系统，可在 Windows、Linux、OpenBSD/FreeBSD、MacOS 等各种操作系统中运行。该系统包括日志分析、全面检测、Rootkit 检测等功能。作为一个主机入侵检测系统，需要安装在用于监控的系统上。此外，如果多台计算机都安装了 OSSEC，则可以采用客户端/服务器模式运行，其中客户端将数据发送到服务器进行分析。使用一台电脑监控多个系统对于企业或家庭用户而言是一种经济实用的方式。OSSEC 主要功能包括日志分析、完整性检查、rootkit 检测、基于时间的警报和主动响应。除了作为入侵检测系统之外，它还被广泛应用于 SEM/SIM[安全事件管理(SEM：Security Event Management)/安全信息管理(SIM：Security Information Management)]解决方案中。由于其强大的日志分析引擎，Internet 服务提供商(ISP)、大学和数据中心也会使用它来监控、分析防火墙、入侵检测系统、网页服务和验证等方面的日志。

2.2.18 基于 Prelude 的入侵检测

Prelude 是一种安全信息和事件管理程序(Security Information and Event Management，SIEM)。该程序能够收集和集中有关 IT 安全的信息，并以单点方式进行查看和管理。通过其所拥有的日志和流分析器，Prelude 能够实时提供关于网络入侵和安全威胁的警报。此外，Prelude 还提供了多种工具，用于实现在大数据和智能数据环境下的操作。

2.2.19 基于 Suricata 的入侵检测

Suricata 是开放信息安全基金会(Open Information Security Foundation，OISF)开发的一种开源网络入侵检测引擎，具有免费、成熟、快速、健壮等特点。Suricata 使用规则和签名语言来检查网络流量，并且拥有强大的 Lua 脚本支持，可用于检测复杂入侵，同时实现实时入侵检测、内联入侵预防、网络安全监控和离线数据包处理等功能。

2.2.20 基于门控循环单元的网络入侵检测

传统的网络入侵检测方法通常将每个待测样本视为独立个体,较少考虑不同样本之间的相关性,这使得在检测时间特征明显的网络入侵时效果不佳。然而,实际上网络入侵的信息痕迹通常具有时间关联性,循环神经网络(Recurrent Neural Network,RNN)则具有对时间序列进行建模的能力。因此,将带有门控循环单元的 RNN 和多层感知器结合起来构建了一个入侵检测系统,并使用深度学习的方法来训练其自动提取和筛选有效特征。深度神经网络结构灵活,对单向和双向的门控循环单元和长短期记忆单元进行对比,同时还对使用这些单元的 RNN 和多层感知器的组合进行对比,提出了一种适合网络入侵检测的神经网络结构。该检测方法在 KDD99 数据集和 NSL-KDD 数据集上进行了测试和对比,并与之前学者所做的工作进行了比较。这些数据集已经在学术界广泛使用。

2.2.21 基于语义表达的算法生成域名检测

僵尸网络是由攻击者通过恶意软件控制的一系列计算机组成的综合攻击平台,是影响互联网安全的主要威胁之一。为了检测僵尸网络,通常使用域名生成算法(Domain Generation Algorithm,DGA)生成恶意域名,以使得僵尸主机和控制服务器之间可以进行通信。为提高对 DGA 域名检测的鲁棒性,进而增加可检测的 DGA 域名种类,研究人员首先分析了域名的 n-gram 表示方法对于检测的影响,然后利用字符卷积神经网络用于分类的基础,构建了一种合适的网络结构,设计了一种字符串的二维卷积处理方法,并提出了一种基于语义表达的算法来生成域名的检测方法。通过真实的 DGA 域名数据进行了方法验证,并测试了其检测算法的鲁棒性和普适性。研究者还分析了一些 DGA 种类的域名检测难度较大的原因,并对域名检测的时间适用性进行了探究。

2.2.22 基于元学习框架的小样本网络入侵检测

传统的基于监督学习的入侵检测系统需要许多样本用于训练,但在某些情况下(例如零日攻击),安全机构可能只能获取到少量攻击样本。因此,他们需要一个入侵检测系统,能够在小样本场景下检测网络入侵行为。为此,提出了一种基于元学习框架的小样本网络入侵检测方法。该方法将正常流量和恶意流量这两种类型的网络数据流组合在一起,构成一系列数据流对,并将比较不同对数据流样本以学习任务。检测系统由网络 F-Net 和比较网络 C-Net 提供特性,将它们组成深度神经网络(FC-Net)来完成小样本检测任务,以此实现小样本网络入侵检测。使用 FC-Net 可以学习大量网络流量,从而获取检测网络入侵的先验知识,就能够使用少量样本就可以检测出新的流量类型。

2.2.23 基于在线集成学习的入侵检测

在当前开放性的边缘云协同环境下,海量边缘的安全接入问题愈加突出。为确保终端接入的可信性,提出了一种轻量级的入侵检测系统,它既能全局指导网络安全,又能减小压力和提高响应速度。但是这种方法对抗攻击的效果并不理想,由于黑客攻击方式多变,只有持续更新入侵检测系统,才能有效抵御。因此,可以使用在线集成学习的方法,通过在线学习集成技术来满足入侵检测系统对数据时效性的要求,进而提高系统的可靠性和时效性。

在线集成学习是一种基于模型性能的平均改进集成方法,对每个边缘节点所产生的在线基学习器进行在线集成,得到一个在线集成模型。该在线集成学习方案具有两个优点:第一,在线集成能够克服传统入侵模型系统时效性不高的问题。由于采用在线增量训练方式构建在线基学习器,能够在很大程度上满足现有数据分布的要求;第二,它能够克服单个边缘节点在线基学习器产生的模型方差偏大的问题。单个边缘节点的数据分布可能与总体数据分布偏差较大,导致该节点产生的在线基学习器存在一定的偏差。因此,基于模型性能平均改进集成的方法,能在很大程度上保证模型的有效性。

2.2.24 基于聚类分类算法的入侵检测算法

Krontiris 等人[78]提出了一种分布式的入侵检测系统。该方法首先对网络进行划分,每个节点通过监测邻居节点的方式进行工作。这种方法对安全威胁很敏感,但是节点需要花费更多的能力来监测邻居节点会导致网络整体性能降低。

2.2.25 基于统计模型的入侵检测算法

YooJin Kwon 等人[79]提出了一种利用统计模型的入侵检测算法。他们利用大数据工具和统计分析方法处理节点数据集,获得网络特征和基于规范的指标,并提出了适用于该场景下的入侵检测算法。该算法具有低检测误检率和漏报率等优点,但处理数据较为复杂,并且没有考虑数据集可能存在缺失的影响。

2.2.26 基于群智能优化算法的入侵检测算法

冯莹莹等人[80]提出了一种基于群智优化的入侵检测模型,将 K 最近邻算法(KNN)与粒子群优化算法(IPSO)相结合。该算法利用 KNN 算法消除原始数据集中的冗余特征,结合粒子群算法在寻优过程中不断自适应调整,避免陷入局部最优解,有效降低了误检率。此外,袁琴琴等人[81]将改进蚁群算法(ACO)与遗传算法(GA)相结合用于入侵检测系统,该方法能够获取入侵特征规则,提升检测效果,并为后续的规则数据库以及更新学习打好基础。但是由于群智优化算法存在易陷入局部最优解的缺陷性,当存在数据集缺失或数据包不完整时,其检测效率难以估量。

2.2.27 基于博弈论的入侵检测算法

有研究者将博弈论模型引入到无线传感器网络安全领域,提出了对应的检测防御方法。Lye 等人[82]基于目标对立性构建了静态网络攻防博弈模型,但静态模型对于动态变化的网络攻防有一定局限性。林旺群等人[83]根据非合作非零和动态博弈理论提出了基于完全信息动态博弈的主动防御攻防模型,初步探讨了网络安全主动防御技术问题,并通过分析网络攻防对抗过程得出结论,但完全信息条件存在现实环境上的不符合问题。Han 等人[84,85]通过非合作博弈模型解决了入侵检测中的混合策略问题,平衡了无线传感器网络系统检测率和资源成本问题。孙薇等人[86]应用演化博弈中的复制者动态学习机制对网络攻防对抗进行推演,但由于仅考虑 2x2 模型,其适用范围比较有限。黄等人[87,88]从网络攻防对抗的有限理性约束出发,采用演化博弈理论构建攻防博弈模型并设计了最优决策算法,分析总结了网络攻防过程的演化规律。Hu 等人[89]利用 Markov 过程集合博弈理论,将攻防博弈构建为离散化多阶段攻防模型,利用海萨尼转换将状态跳变的不完全信息转化为完全信息,以实现网络攻防过程的多阶段动态性变化。然而,由于网络攻防过程应该是连续时间动态变化的,不应该抽象为离散时间连续跳变的,因此该模型有待加强。

第 3 章 数据集类型

3.1 KDDCUP99

KDDCUP99 是入侵检测领域中最重要的数据集之一。它由麻省理工学院林肯实验室制作和管理，是 DARPA 入侵检测评估计划的一部分。该实验室建立了一个网络环境，从局域网中获取了 9 周的原始 TCP 转储数据，模拟了典型的美国空军局域网。这些数据被处理成约 500 万条连接记录，每个连接都标记为正常或某一种特定的攻击类型。训练数据和测试数据来自不同的概率分布，并且测试数据中包含了其他类型攻击，这也使任务难度增加。该数据集被广泛应用于入侵检测算法的评价和改进。在 1999 年 KDD 入侵检测竞赛中，KDDCUP99 被用作基准数据集，成为当时比赛的重要评价标准之一。

KDDCUP99 是检验入侵检测算法性能常用的数据集之一，其中，在这个数据集中，每个采样记录包括 41 个内在属性和 1 个分类标识值。在训练集和测试集上的采样概率分布是不同的，而且测试样本中包含了未知的攻击类型，这更符合真实的网络情况。在此数据集中，每个采样记录可以被映射成 Normal 类和 4 类攻击类型，其中分类识别为 Normal 的样品是正常样品，而其他 22 个分类识别样品是对应类型攻击样品。这个数据集是经典的入侵检测基准数据集之一，被广泛应用于入侵检测算法的评估和比较。映射关系如表 3-1 所示。

表 3-1 KDDCUP99 数据集分类与类别标识

分类	含义	类别标识
Normal	正常记录	normal
DoS	拒绝服务攻击	back, land, nepture, pod, smurf, teardrop apache2, mailbomb, processtable, UDPstorm
Probing	扫描与探测行为	ipsweep, nmap, portsweep, satan, saint, mscan
R2L	远程服务器非法访问	frp_write, guess_passwd, imap, multihop, phf, spy, warezclient, warezmaster, named, sendmail, snmpgetattack, worm, xsnoop, xlock, snmpguess
U2R	用户提权访问	buffer_overflow, loadmodule, perl, rookit httptuneel, ps, xterm, sqlattack

3.2 NSL-KDD 数据集

NSL-KDD 数据集是 KDDCUP99 数据集的一种改良版,旨在克服其内在问题。该数据集包含 41 种特性和一种类型标记属性,用于表示样本的类型。为了解决这个问题,Tavallaee 等人构建了 NSL-KDD 数据集,从而改善了入侵检测评价的性能。与原始 KDDCUP99 数据集不同,NSL-KDD 数据集中的样本不是由网络流量数据生成的,而是从其他数据集中抽取的,这使其更接近于真实的应用场景。NSL-KDD 数据集去除了训练集和测试集的冗余记录,以使分类器不会偏重于更多的数据记录,从而更有效地评价不同的技术模型。该数据集包括 KDDTrain+ 和 KDDTest+ 两个部分,其中 KDDTrain+ 包含 125973 个样本,其中 58630 个攻击样本和 67343 个正常样本;KDDTest+ 则提供了 22544 个采样,用于性能标准分析。网络通信通常在一定的时间内进行,因此网络数据通常是一种时间序列的数据。网络数据通常由许多数据包构成,每个数据包都包含多种属性,如类别属性、离散型属性和连续型属性等。为了更好地理解网络数据,人们常常将数据包进行分类,以便更好地了解网络流量的性质。每个属性的类型和说明如表 3-2 所示。

表 3-2　NSL-KDD 数据集属性说明

属性	描述	类型
duration	连接持续时间	连续型
Protocol_type	协议类型	离散型
service	目标主机的网络服务类型	离散型
flag	连接正常或错误的状态	离散型
src_bytes	从源主机到目标主机的数据字节数	连续型
dst_bytes	从目标主机到源主机的数据字节数	连续型
land	连接来自(送达)同一个主机(端口)则为 1,否则为 0	离散型
wrong_fragment	错误分段的数量	连续型
urgent	加急包的个数	连续型
hot	访问系统敏感文件和目录的次数	连续型
num_failed_logins	登录尝试失败的次数	连续型
logged_in	成功登录为 1,否则为 0	离散型
num_compromised	compromised 条件出现的次数	连续型
root_shell	若获得 root shell 则为 1,否则为 0	连续型
su_attempted	若尝试"su root"命令则为 1,否则为 0	连续型
num_root	root 用户访问次数	连续型
num_file_creations	文件创建操作的次数	连续型
num_shells	使用 shell 命令的次数	连续型
num_access_files	操作访问控制文件的次数	连续型
num_outbound_cmds	一次 FTP 会话中出站连接的次数	连续型
is_host_login	登录属于 host 列表为 1,否则为 0	离散型
is_guest_login	若 guest 登录则为 1,否则为 0	离散型
count	过去两秒内,与当前连接具有相同的目标主机的连接数	连续型
srv_count	过去两秒内,与当前连接具有相同服务的连接数	连续型
serror_rate	同上,与当前连接具有相同目标主机的连接中,出现"SYN"错误的连接的百分比	连续型
srv_serror_rate	同上,与当前连接具有相同服务的连接中,出现"SYN"错误的连接的百分比	连续型
rerror_rate	同上,在与当前连接具有相同目标主机的连接中,出现"REJ"错误的连接的百分比	连续型
sry_rerror_rate	同上,在与当前连接具有相同服务的连接中,出现"RE"错误的连接的百分比	连续型

续表

属性	描述	类型
same_sry_rate	同上，与当前连接具有相同目标主机的连接中，与当前连接具有相同服务的百分比	连续型
diff_srv_rate	同上，在与当前连接具有相同目标主机的连接中，与当前连接具有不同服务的连接的百分比	连续型
srv_diff_host_rate	同上，在与当前连接具有相同服务的连接中，与当前连接具有不同目标主机的连接的百分比	连续型
dst_host_count	前 100 个连接中，与当前连接具有相同目标主机的连接数	连续型
dst_host_srv_count	前 100 个连接中，与当前连接具有相同目标主机相同服务的连接数	连续型
dst_host_same_srv_rate	同上，与当前连接具有相同目标主机相同服务的连接所占的百分比	连续型
dst_host_diff_srv_rate	同上，与当前连接具有相同目标主机不同服务的连接所占的百分比	连续型
dst_host_same_src_port_rate	同上，与当前连接具有相同目标主机相同源端口的连接所占的百分比	连续型
dst_host_srv_diff_host_rate	同上，与当前连接具有相同目标主机相同服务的连接中，与当前连接具有不同源主机的连接所占的百分比	连续型
dst_host_serror_rate	同上，与当前连接具有相同目标主机的连接中，出现 SYN 错误的连接所占的百分比	连续型
dst_host_srv_serror_rate	同上，与当前连接具有相同目标主机相同服务的连接中，出现 SYN 错误的连接所占的百分比	连续型
dst_host_rerror_rate	同上，与当前连接具有相同目标主机的连接中，出现 REJ 错误的连接所占的百分比	连续型
dst_host_sry_rerror_rate	同上，与当前连接具有相同目标主机相同服务的连接中，出现 REJ 错误的连接所占的百分比	连续型
class	攻击类型	离散型

原始数据集中包含了几十种攻击类型，但是大多数新型攻击都是已知攻击的变体。该数据集包含三个部分：基础特征、内容特征和流特征，其中基础特征包括 1~10 个特征，内容特征包括 11~22 个特征，流特征包括 23~41 个特征。根据该数据集的特性，存在四种攻击：DoS、R2L、U2R 和 Probe。NSL-KDD 数据集可以有效地避免 KDDCUP99 数据集的冗余性、重复性，使得在训练集和测试集中的样本量更加合理。该数据集的构建目的是更好地评估入侵检测模型的性能。如表 3-3 所示，NSL-KDD 包括 39 种不同的攻击类型（Probe、DoS、R2L 和 U2R）。

表 3-3　NSL－KDD 数据集分类与类别标识

分类	含义	类别标识
Normal	正常记录	normal
DoS	拒绝服务攻击	back, land, nepture, pod, smurf, teardrop apache2, mailbomb, processtable, UDPstorm
Probing	扫描与探测行为	ipsweep, nmap, portsweep, satan, saint, mscan
R2L	远程服务器非法访问	frp_write, guess_passwd, imap, multihop, phf, spy, warezclient, warezmaster, named, sendmail, snmpgetattack, worm, xsnoop, xlock, snmpguess
U2R	用户提权访问	buffer_overflow, loadmodule, perl, rookit httptuneel, ps, xterm, sqlattack

在 NSL-KDD 数据集中,训练集有 125973 个样本,测试集有 22544 个样本。根据不同攻击类别的数量分布,图 3-1 展示了这些数据:

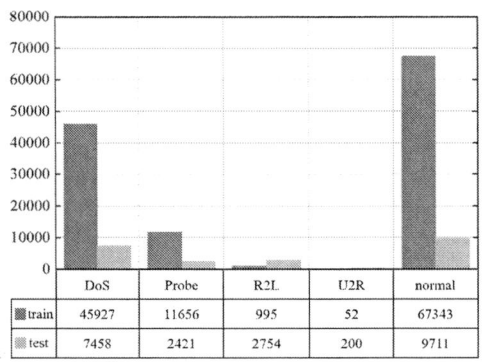

图 3-1　NSL-KDD 数据各攻击类别样本数量

表 3-4 展示了 NSL-KDD 训练集和测试集上正常记录和攻击记录的分布情况。不同类型的分布非常不均,这使得检测变得更加困难。

表 3-4　NSL-KDD 数据集中攻击和正常记录分布

NSL-KDD	Nonual	Dos	Probing	R2L	U2R
Train (125973)	67343 53.46%	45927 36.46%	11656 9.25%	995 0.79%	52 0.04%
Test (22544)	9711 43.07%	7458 33.08%	2421 10.74%	2754 12.22%	200 0.89%

如表 3-5 和表 3-6 列了 41 个特征。表 3-7 表示 4 种攻击类型的分类情况,表 3-8 表示 NSL-KKD 占比情况。

表 3-5 基于特征和时间网络流量统计特征

类型	基本特征		时间网络流量统计特征
1	Duration	1	Count
2	Wrong_fragment	2	sru_count
3	Service	3	diff_srv_rate
4	Urgent	4	srv_diff_host_rate
5	sre_bytes	5	rerror_rate
6	dst_bytes	6	srv_rerror_rate
7	Land	7	same_sry_rate
8	protocol_type	8	serror_rate
9	Flag	9	srv_serror_rate

表 3-6 内容特征和主机网络流量统计特征

类型		内容特征		主机网络流量统计特征
特征名称	1	hot	1	dst_host_cunt
	2	mum_shells	2	dst_host_srv_count
	3	logged_in	3	dst_host_same_srv_rate
	4	is_hot_login	4	dst_host_diff_srv_rate
	5	root_shell	5	dst_hot_src_port_rate
	6	su_attempted	6	st_host_srv_diff_host_rate
	7	num_root	7	dst_host_serror_rate
	8	num_file_creations	8	dst_host_srv_serror_rate
	9	num_failed_logins	9	dst_host_rerronr_rate
	10	num_outbound_cmds	10	dst_host_srv_rerronr_rate
	11	num_comm_promised		
	12	is_guest_login		
	13	is_guest_login		

表 3-7 攻击类型分类

攻击类型	分类	总计
DOS	back, land, neptune, pod, smurf, teaedrop, mailbomb, peocesstable, udpstorm, apache2, worm	11
PROBE	satan, ipsweep, nmap, portsweep, mscan, saint ftp_write, xlock, imap, multihop, warezmaster, sendmail, smnpguess,	6
R2L	snmpgetattack, phf, httptunnel, guess_passwd, xsnoop, named, warezclient, spy	15
U2R	buffer_overflow, loadmodule, rootkit, perl, slotbacks, xterm, ps	7
总计		39

表 3-8　NSL-KDD 数据集占比情况

类别	KDDTrain+	KDDTest+	KDDTrain20%
合计	125973	22544	25192
NORMAL	67343	9711	13449
DOS	45927	7458	9234
PROBE	11656	2421	2289
R2L	995	2754	209
U2R	52	200	11

3.3　UNSW-NB15 数据集

UNSW-NB15 数据集是由澳大利亚网络安全中心（ACCS）的网络范围实验室创建的。该数据集混合了正常流量和攻击流量，并包含 49 个具有类别标记的特性。该数据集有超过 250 万个数据，符合在仿真试验中需要改进的数据要求。相比之下，KDDCUP99 和 NSL-KDD 数据集不适用，因为它们包含大量的重复记录和缺失数据，这会直接影响到频繁记录中的检测偏差和数据质量。虽然 NSL-KDD 数据集是 KDDCUP99 的改进版，可以有效地解决数据不均衡、数据丢失等问题，但是它仍然无法应对大量重复记录和缺失数据的挑战。因此，UNSW-NB15 数据集被认为是在仿真试验中改进数据的理想选择之一。然而，UNSW-NB15 数据集并不是现代攻击环境下攻击行为的综合表示。该数据集包含攻击和正常记录的四个 CSV 文件，每个文件包含 700000 条记录或 440044 条记录，真值表命名为 UNSWNB15_GT.csv 格式，事件文件的列表被标记为 UNSWNB15\\ulist\\uEVENTS，其中包含攻击类别和子类别。提供四个数据记录的 CSV 文件，每个 CSV 文件包含攻击和正常记录。CSV 文件的名称为 UNSW-NB15_1.CSV、UNSW-NB15_2.CSV、UNSW-NB15_3.CSV 和 UNSW-NB15_4.CSV。此外，前三个 CSV 文件每个文件包含 700000 条记录，第四个文件包含 440044 条记录。UNSW-NB15 数据集的最终 CSV 文件并不是现代攻击环境下攻击行为的综合表示，但它仍然是一个有用的数据集，可以用于训练和评估攻击检测模型。

（1）能够充分地反映现代网络流量数据的特点。该数据集是近年来发布的一种数据集，包含了九类攻击所包含的各种各样的威胁，能够为研究者提供更加真实的网络流量数据。

（2）数据类型丰富。UNSW-NB15 数据集包含了各种类型的攻击，如 DDoS、

SQL 注入、文件包含等，能够满足不同应用领域的需求。

（3）数据集公开。UNSW-NB15 数据集是公开的，并且用于入侵检测系统测试的网络流量数据集是公开的，这为研究者提供了更多的对比和研究机会。

（4）数据有多种格式。UNSW-NB15 数据集提供了多种格式的数据，如 Pcap 文件、Argus 和 Bro-IDS 日志以及经过预处理的 CSV 文件，这为研究者提供了更多的选择，可以进一步进行对比和分析。

此外，UNSW-NB15 数据集中的分布也得到了平衡。官方网站提供了训练数据集和测试数据集，其中训练数据集记录 82332 条，正常率 45%，异常 55%。测试数据集有 175341 条记录，其中 32% 正常，68% 异常。这些数据集的分布有利于模型训练，可以使模型更好地识别每个记录的攻击标签。UNSW-NB15 包含 42 个属性，分为正常（31.94%）和恶意（68.06%）两类，这些属性为研究者提供了更多的信息，可以更好地了解攻击的本质。表 3-9 展示出了 UNSW-NB15 数据集的相关数据特征记录，这些记录详细描述了数据集的属性分布情况。

表 3-9 UNSW－NB15data feature record

Number	Description	Number	Description
1	dur	23	dwin
2	proto	24	teprtt
3	service	25	synack
4	state	26	ackdat
5	spkts	27	smean
6	dpkts	28	dmean
7	sbutes	29	trans_depth
8	dbytes	30	response_body_len
9	rate	31	ct_srv_src
10	sttl	32	ct_state_ttl
11	dttl	33	ct_dst_ltm
12	Sload	34	ct_sre_dport_ltm
13	Dload	35	ct_dst_sport_ltm
14	sloss	36	ct_dst_sre_ltm
15	dloss	37	is_ftp_login
16	sinpkt	38	ct_fp_cmd
17	dinkpt	39	ct_flw_http_mthd
18	sjit	40	ct_sre_ltm
19	djit	41	ct_srv_dst
20	swin	42	is_sm_ips_ports
21	stcpb	43	attack_cat
22	dtcpb	44	label

3.4 CICIDS2017 数据集

UNSW-NB15 数据集是基于真实的现实世界数据（PCAPs）创建的，并且包含了良性和最新的常见攻击。该数据集还包括使用 CICFlowMeter 进行网络流量分析的结果，并根据时间戳、源和目的 IP、源和目的端口、协议和攻击来标记流量。此外，数据集中还提供了提取的特征定义，这为研究者提供了更多的信息，可以更好地了解攻击的本质。与真实的现实世界数据相类似，UNSW-NB15 数据集可以帮助研究者更好地了解网络攻击的特点和趋势，从而提高入侵检测系统的准确性和可靠性。生成真实的背景流量是建立这个数据集的首要任务。使用 B-Profile 系统来描述人类互动的抽象行为并生成自然的良性背景流量。在这个数据集中，研究者建立了基于 HTTP、HTTPS、FTP、SSH 和电子邮件协议的 25 个用户的抽象行为。这些用户行为被抽象成了一些特征，如访问频率、访问时间、文件大小、邮件主题等。这些特征被用于训练和测试入侵检测系统。这个数据集是近年来发布的一种能够充分地反映现代网络流量数据的特点的数据集之一，包含了各种类型的攻击，如 DDoS、SQL 注入、文件包含等。此外，该数据集还提供了多种格式的数据，如 Pcap 文件、Argus 和 Bro-IDS 日志等，以供研究者进一步进行对比和分析。在下文中，简要概述了这些标准。

1. 完整的网络配置

一个完整的网络拓扑结构应该包括调制解调器、防火墙、交换机、路由器和各种操作系统。这些设备相互连接，构成了一个复杂的网络结构，提供了各种通信接口和协议，使得网络中的各种设备可以相互通信。在网络配置中，需要对这些设备进行设置和配置，以确保它们能够正常运行，并满足不同的应用需求。

2. 完整的流量

通过拥有一个用户分析代理和受害者网络中的不同机器以及来自攻击网络的真实攻击。

3. 标记的数据集

显示了每一天的良性和攻击标签。另外，攻击时间的细节将在数据集文件中公布。

4. 完整的交互性

一个完整的交互性系统应该具备两个不同的网络和互联网通信,以覆盖内部局域网和内部网络之间。这种交互性使得不同网络之间的数据可以互相传输,实现了不同网络之间的互联互通。这种交互性也需要各种通信接口和协议的支持,例如 TCP/IP、HTTP、FTP 等。同时,为了保证网络的安全性和可靠性,需要对网络进行配置和优化,例如设置防火墙、优化网络拓扑结构等。

5. 完整的捕获

使用镜像端口进行捕获是完整的,例如窃听系统。所有的流量都被捕获并记录在存储服务器上。这种捕获方法可以确保数据的完整,并且可以方便地进行分析和处理。同时,使用镜像端口还可以实现网络流量的监控和监测,及时发现和解决网络问题。

6. 可用的协议

该协议提供了所有常见的可用协议,如 HTTP、HTTPS、FTP、SSH 和电子邮件协议。这些协议都是常见的网络通信协议,用于不同网络之间的通信和数据传输。它们的存在可以提供网络通信的完整性和可靠性,同时也可以方便地实现数据加密和传输安全。此外,这些协议还可以在不同的操作系统和设备之间进行互操作,实现了不同设备之间的互联互通。

7. 攻击的多样性

包括基于 2016 年 McAfee 报告的最常见的攻击,如该数据集中涵盖的基于 Web 的攻击、暴力攻击、DoS、DDoS、渗透、心脏出血、机器人和扫描。

8. 异质性

在攻击执行期间,从主交换机和内存转储以及所有受害者机器的系统调用中捕获网络流量。

9. 特征集

使用 CICFlowMeter 从生成的网络流量中提取了 80 多个网络流量特征,并将网络流量数据集作为 CSV 文件交付。这些特征被用来训练和测试入侵检测系统,以提高检测准确性和可靠性。网络流量特征集包含了时间戳、源和目的 IP、源和目的端口、协议和攻击等信息,这些信息可以帮助研究者更好地了解网络攻击的本质和特点,从而更好地设计入侵检测系统。此外,CSV 文件的交付方式可以方便地存储和传输数据,使得研究者可以更加便捷地获取和使用数据集。

10. 元数据

完整地解释了数据集,包括时间,攻击,流量和发表的论文中的标签。

3.5 DARPA'98 数据集

1998 年,美国国防部高级规划署(DARPA)在 MIT 林肯实验室进行了一项入侵检测评估项目。该项目旨在测试和评估各种入侵检测系统的性能和可靠性。林肯实验室建立了一个模拟美国空军局域网的网络环境,并收集了 9 周时间的 TCPdump 网络连接和系统审计数据。这些数据被用于仿真各种用户类型、各种不同的网络流量和攻击手段,从而使该网络环境就像一个真实的网络环境。该项目的评估结果对于入侵检测系统的设计和改进具有重要的指导意义[89]。

林肯实验室建立了模拟美国空军局域网的一个网络环境,收集了 9 周时间的 TCPdump 网络连接和系统审计数据,仿真各种用户类型、各种不同的网络流量和攻击手段,使它就像一个真实的网络环境。

特征:41 种特征。

标签:Normal,DoS,R2L,U2R,Probe。

特点:它不代表实际的网络流量。

3.6 KDDCUP'99 数据集

1999 年,KDDCUP'99 数据集是 KDDCUP 竞赛使用的数据之一。该数据集使用了 DARPA'98 数据集的原始数据,并进行了预处理,提取出了以"连接"为单位的一条条记录。这些数据被用于训练和评估入侵检测系统的性能。与 DARPA'98 数据集相比,KDDCUP'99 数据集中的每条记录都包含了更多的信息,如连接时间、连接方式、IP 地址等,这些信息可以帮助研究者更好地了解网络攻击的本质和特点。

特征:41 种特征。

标签:Normal,DoS,R2L,U2R,Probe。

特点:包含大量的冗余记录和重复数据;且不能代表实际的网络。

3.7 NSL-KDD 数据集

提出:解决了 KDDCUP'99 数据集中的一些固有问题[91],KDD CUP'99 数据集的缺点主要有:(1)训练集和测试集中均包含大量冗余;(2)缺乏新颖的攻击。

特点:(1)训练集和测试集中无冗余记录;(2)训练集和测试集上的数据分布更加平衡。

特征:共有 41 维特征。

标签:Normal,DoS,R2L,U2R,Probe。

3.8 ISCX-IDS2012 数据集

基于异常的网络入侵检测很难部署、准确评估以及比较[92]。且网络行为和模式的变化以及入侵的发展,从一次性和静态的数据集转变为动态的数据集是必要的。

特点:(1)现实的网络和流量;(2)有标签的数据集;(3)多种入侵场景;(4)全面捕获;(5)全面捕获交互。

特征:来源于 IP flow。

标签:Normal,DoS,DDoS,Bruteforce,Infiltration。

3.9 UNSW-NB15 数据集

ACCS 使用了 IXIA 网络流量获取工具进行了 31 个小时的抓取工作,共收集了 100G 的数据。接着,他们使用了一系列工具,如 Argus Bro-IDS 等,从中提取出有用的数据,并构建了一个数据集[93]。

特点:(1)包含真实的现代网络正常活动数据;(2)训练和测试集的样本分布是相似的。

特征:共 47 维特征。

标签:Normal,DoS,Fuzzers,Analysis,Backdoors,Exploits,Generic,Reconnaissance,Shellcode,Worms。

3.10 CIC-IDS2017 数据集和 CIC-IDS2018 数据集

IDS2017 包含正常流量数据和常见的攻击数据[94]。根据数据集的攻击特征进行分类,可实现将流量记录分为 7 类。表 3-10 为数据集 IDS2017 类别分布信息。

表 3-10 CIC-IDS2017 数据集类别分布

攻击类别	子类别	训练集个数	测试集个数
Benign	Benign	696 300	174 075
Bot	Bot	1 544	385
DoS	Dos Hulk,DoS,GoldenEye,…	304 419	76 104
Infiltration	Infiltration	29	7
PortScan	PortScan	127 024	31 756
Web Attack	WA－Brute Force,WA－XSS,…	1 733	433
Brute Force	FTP－Patator,SSH－Patator,…	11 012	2 752

对已有的 11 个数据集进行评估,发现大多数数据过时且不可靠;缺乏流量的多样性;数据量过少;不能涵盖已知攻击;缺少元数据和特征集;数据包中的有效载荷数据匿名化。

特点:利用网络配置文件以特定方式生成数据集。

特征:共 80 维特征。

标签:Normal,Brute force,Portscan,Botnet,Dos,DDoS,Web,Infiltration。

3.11 CICDDoS2019 数据集

分布式拒绝服务:利用大量合法的分布式服务器对目标发送请求,从而导致正常合法用户无法获得服务[95]。

背景:设计低计算成本的实时检测器仍然是主要问题之一;新的检测算法和技术的评估依赖良好的数据集。

特征:使用 CICFlowMeter 从数据集中提取出 80 多种特征。

标签:Normal,DNS,LDAP,MSSQL,NetBIOS,NTP,SNMP,SSDP,SYN,TFTP,UDP,UDP-Lag,WebDDoS。

样本:数据集共 50063112 记录,其中 DDoS 攻击共有 50006249,正常样本共有 56863。

第4章 数据预处理

数据来源包括交换机、路由器、物理网闸、网络测试工具、防火墙、网络操作系统、单机操作系统、防病毒软件以及各类网络管理软件。这些数据可能包含噪声数据、空缺数据和不一致数据,这对数据分析会产生不良后果。为了解决这些问题,需要进行数据集成处理工作,包括使残缺的数据完整、错误的数据纠正、将错误的数据格式转换为要求的格式、消除多余的数据属性以及挑选所需的数据并进行数据归并。

4.1 数据清洗

数据清理的原理是通过分析"脏数据"的产生原因和存在形式,利用现有的技术手段和方法去清洗"脏数据",并将其转化为满足数据质量或应用要求的数据,从而提高数据集的数据质量。清理的手段包括去除源数据集中的噪声数据和无关数据、处理遗漏数据和清洗"脏数据",去除空白数据域和知识背景上的白噪声,考虑时间顺序和数据变化等,完成重复数据处理和默认数据处理,以及完成数据类型的转换。数据清理通常可以分为有监督和无监督两类。有监督过程需要在领域专家的指导下进行分析,以去除明显错误的噪声数据和重复记录,并填补缺值数据。无监督过程则利用建立的规则库进行数据清理工作。此外,数据清理的另一个重要内容是数据类型的转换,通常是指连续属性的离散化。等距区间法、等频区间法和最大熵法等是与类别无关的离散化方法,而划分法(Splitting)和归并法(Merging)等则是与类别有关的离散化方法。通过离散化,可以有效地减少数据表的大小,提高分类的准确性。

基于无线网应用可以将数据缺失的原因概括为以下三个方面:

(1)链路资源受限,传感器节点采集的数据在传输过程中发生丢失;(2)传感器节点产生故障无法正常工作,采集的数据无法传送出去,导致数据丢失;(3)传感器节点能量有限,为了避免额外的能量消耗,采集的数据只会选择一部分进行上报。

在应用数据之前,对其缺失值进行准确的填充可以降低对后续应用造成的影响。缺失值处理的目标是降低因随机缺失值导致的估计量偏差,例如在存在缺失值时,样本的均值会有很大的偏差。通过处理缺失值,可以得到一个完整的数据集,可以供给后续的应用。填充处理之后的完整数据集可以使分析结果更加靠近原数据集的分析结果。

现有的缺失值处理方法具体可以归纳为以下三类:

(1)忽略并丢弃数据是一种处理方法,通常会将带有缺失的记录直接舍弃。在完整记录分析方法中,所有带有缺失值的记录都会被丢弃。在丢弃记录方法中,只会丢弃缺失程度较高的记录。在处理缺失值时,需要评估记录与后续分析的相关性。如果相关记录在后续分析中需要被用到,即使带有大量的缺失值仍然需要保留。

(2)参数估计是指利用极大似然估计法对原有完整数据集的模型参数进行估计。

(3)预测填充是一种利用未缺失数据对缺失值进行填充的方法。它可以根据数据集中已知的数据,利用某种统计学关系对缺失值进行预测。例如,可以使用线性回归、逻辑回归等方法进行预测。

4.1.1 缺失值处理

1. 平均值插补法

依据缺失值的属性不同,采取不同的插补方法。对于数值型缺失值,采用在该属性上未缺失记录的平均值进行插补;对于非数值型缺失值,利用该属性上未缺失值的众数值进行插补。这种方法在许多计算机软件包程序中采用,但是会导致方差估计偏低。

2. 条件平均值插补法

该方法类似于平均值插补法,但不同于直接使用其他记录的平均值来插补。在计算平均数之前,该方法会判断与缺失值具有相同决策属性值的记录,并通过遴选出这些记录来计算平均值。这种方法称为决策属性均值插补法。

3. 热卡插补法

该方法适用于大数据集,缺失值可以使用相同文件中的真实数据来填充。在选择缺失值填充值时,有以下三种策略:(1)直接使用前面的完成记录填充缺失值;(2)随机选择记录进行填充;(3)用最近距离的记录来填充。这些方法虽然简单,但不会使变量分布过度失真,可以减少偏差。

4. 回归插补法

通过缺失属性和其他属性建立回归模型来预测缺失值。

5. 期望最大化方法

该方法是回归方法的扩展,是一个迭代的过程。首先,该方法初始化一个估计值,并计算基于此估计值的对数似然的期望。然后,通过最大化此期望来更新估计值。该方法通过 E 步和 M 步两个步骤不断迭代进行:(1)期望步(E 步),假定模型是准确无误的,对最近一次的估计值的对数似然的期望进行估算。(2)最大化步(M 步),此时假设分布是准确无误的,缺失值通过 E 步得到的期望值进行填充,随后通过最大化似然函数更新估计值。E 步和 M 步不断迭代,直到估计值收敛时算法终止。

6. 多重插补法

有一种方法比使用唯一的数据来填充缺失值更为有效。该方法通过多次插补来产生多个完整的数据集,并对每个数据集进行统计分析。最终,综合所有数据集的结果来得到填充值。虽然这种方法在性能上优于简单插补法,但其计算复杂性很高。

7. 聚类分析插补法

作为一种多元统计方法,该方法基于一定的准则将数据记录划分为多个类别,主要分为四个步骤:(1)对数据进行预处理。(2)定义度量公式来衡量样本间的相似性。(3)进行聚类分析。(4)评估聚类结果。聚类算法有很多,根据聚类的依据不同,可以分为不同的类型,如划分聚类、层次聚类、密度聚类、网格聚类和模型聚类等。

8. 粗集插补法

尽管一个数据集中存在缺失值,但它仍然可以挖掘出一些基本特征。通过挖掘数据等价关系,可以发掘隐含其中的潜在规律。依据等价关系中出现的频次高低,缺失值可以使用频次最高的填充值进行填充。

4.1.2 脏数据清洗

随着 WSN 应用广泛普及,数据为中心的特征愈发凸显。数据连接计算机世界和物理世界,其质量对应用至关重要。然而,由于传感器成本低廉、资源有限和动态链路等特性,WSN 收集的数据不能完全符合网络应用的期望形式。在基于网络数据的智能应用和数据挖掘应用中,数据质量过低会导致性能和体验显著降低。数据的总体质量和应用的成本密切相关。

现有的时间序列数据清洗方法可以分为三类:基于平滑的清洗、基于约束的清洗和基于统计的清洗。其中,基于平滑的清洗方法通过平滑时间序列来去除噪声,基于约束的清洗方法根据设定的约束条件来清洗数据,基于统计的清洗方法使用统计模型来识别和去除噪声。

1. 平滑技术

滑动平均系列算法通常用于噪声消除,特别是针对数值型数据。这些算法被广泛应用于时间序列数据的平滑处理和预测中。例如,滑动平均算法(SMA)计算邻近 K 个数据点的平均值作为下一时刻的数据点数值。在带权滑动平均算法(WMA)中,K 个数据点的权值不同,距离越远的数据点,其作用越小。指数带权滑动平均算法(EWMA)中,每个数据点的权重随着距离的增大呈指数级递减。

2. 基于约束的技术

类似于关系型数据库领域基于完整性约束的清洗算法,基于顺序依赖(Sequential Dependency)的 Sequential 算法将任何连续两个点的数值之间的差别限制在一定的范围之内。基于速度约束的 SCREEN 算法用于清洗时间序列数据,相比于顺序依赖约束,速度约束将数值变化和时间戳变化同时定义。但是,约束的定义往往十分困难,无法给出一个精确的适用性强的约束。

3. 统计技术

统计分析的方法是指利用切比雪夫定理,根据属性值的期望和标准差,考虑每一个属性取值的置信区间来识别异常的属性和记录。

4. 聚类方法

利用基于欧基里德距离或其他距离方法来识别异常的记录。在多数情况下，把整个记录空间聚类，能发现在字段级检查未被发现的孤立点。聚类就是将数据集分组为多个类或簇，在同一个簇中的数据对象记录之间具有较高的相似度，而不同簇中的对象的差别就比较大，散落在外，不能归并到任何一类中的数据称为"孤立点"或"奇异点"。

5. 基于模式

一个模式被定义为数据集中的一组记录有的字段具有相似的特点。是一个用户指定的值，通常在以上。基于模式的方法就是指发现数据集中不符合现存模式的异常的字段和记录。把划分、分类和聚类等数据挖掘技术组合起来发现能应用于大多数记录的模式。如果把该方法应用在根据领域知识获得的记录的子集或样本上，发现模式的机会将会增加。但由于现实世界的数据机是高度不相关的，所以发现能应用于多数记录的模式是比较困难。

6. 基于关联规则

关联规则具有很高置信度和支持度的，那么不符合关联规则的记录就被认为是异常记录。关联规则最初是在市场购物篮分析的应用中提出来的。某些文献中也称其为经典关联规则或布尔关联规则。但由于它不能提供足够的定量的和定性的信息，在一些研究中对其进行了扩展，如量化关联规则和比率关联规则可以被用来发现数据项中的可能的错误。

4.2 重复数据

检测和消除重复记录的问题是数据清理和数据质量领域研究的主要问题之一。在归并多源异构数据的过程中，需要从各种数据源导入大量的数据。理想情况下，对于现实世界中的一个实体，数据源中应该只有一条与之对应的记录。但在对异构信息表示的多个数据源进行集成时，由于实际数据中可能存在数据输入错误，格式、拼写上存在差异等各种问题，导致不能正确识别出标识同一个实体的多条记录，使得逻辑上指向同一个现实世界的实体，在归并后的数据中可能会有多个不同的表示，即同一实体对象可能对应于多条记录。为了从数据集中检测并消除重复记录,首要的问题就是如何判断两条记录是不是重复的。这就需要比较记录的各对应属性,计算其相似度,再根据属性的权重,进行加权平均后得到记录的相似度,如果两记录相似度超过了某一阈值,则认为两条记录是匹配的,否则,认为是指向不同实体的记录。

排序-合并方法是检测数据库中完全重复记录的标准方法。它的基本思想是,先对数据集排序,然后比较相邻记录是否相等。这一方法也为在整个数据集上检测重复记录提供了思路,目前已有的检测重复记录的方法也大多以此思想为基础。

4.3 数据转化

数据转换是将数据转换成符合数据格式要求的形式的过程。数据变换的主要任务是找到数据的特征表示,并使用 XML 转换方式减少有效变量的数目或找到数据的不变式。数据转换包括规范化、归纳、切换、旋转和投影等操作。其中,平滑、聚集和数据概化是数据转换中常见的技术。平滑技术有分箱、聚类和回归等方法;聚集技术是对数据进行汇总和聚集;数据概化则是使用概念分层,用高层次概念替换低层次"原始"数据。

规范化和归纳是数据转换中常用的技术。规范化是指将元组集按照规范化条件进行合并,也就是对属性值量纲进行归一化处理,即将属性数据按比例缩放,使属性数据落入一个小的特定区间。规范化条件定义了属性的多个取值到给定虚拟值的对应关系。对不同的数值属性特点,一般可以分为取值连续和取值分散的数值属性问题。归纳是指元组属性值之间的 IS-A 语义关系。规格化和归纳能够大量减少元组个数,提高计算效率,同时,规格化和归纳过程提高了知识发现的起点,使得一个算法能够发现多层次的知识,适应不同应用的需要。

属性构造是指创建新的属性并将其添加到属性集中,以帮助数据挖掘过程。可以使用多维数据立方组织数据,并采用数据仓库中的切换、旋转和投影技术,将初始的知识状态空间按照不同的层次、粒度和维度进行抽象和聚集(即数据泛化),从而生成不同抽象级别上的知识库。

目前异构数据源间数据转换的主要方法有:

1. 基于软件工具的转换方法

数据库管理系统一般均提供将外部文件数据导入到本身数据库表中的数据导入工具,例如 Oracle 提供的 SQL＊Loader 工具,用于将外部文本文件中的数据导入到 Oracle 数据库表中。利用这些工具可以实现简单、快速的数据转换。但这种数据转换程序是特定的、专用的,要求目的数据库必须是转换工具对应的数据库,且多用手工方式进行转换。数据更新时会带来不同步的问题,即使人工定时运行转换程序也只能达到短期同步,对应转换的数据库类型也不多。

2. 基于中间数据库的转换方法

在两个具体的数据库之间进行转换时,可以采用基于关系定义的方法。这种方法是将源数据库中的数据通过中间数据库写入目的数据库中。这种方法所需转换模块较少,且扩展性较强,但实现过程复杂,转换时需要大量的空间。

3. 基于数据库组件的转换方法

利用 Delphi 等数据库应用程序开发技术,可以通过源数据库和目的数据库组件来存取数据信息,实现直接转换。但如果源数据库和目的数据库对应的数据类型不同,必须先进行类型的转化,然后才能实施赋值。

4.4 数据归并

数据归并是指通过剔除那些不能刻画系统关键特征的属性,并将同类型关键数据合并,得到精炼的并能充分描述对象的属性集合。数据归并是在对发现任务和数据本身内容理解的基础上,寻找依赖于发现目标的表达数据的有用特征,以缩减数据模型,从而在尽可能保持数据原貌的前提下最大限度地精简数据量。

1. 模式归并

如何将这些来自多个信息源的实体进行"匹配",这涉及实体识别问题。例如,数据分析者或计算机如何确信一个数据库中的记录和另一个数据库中指的是同一个实体。通常,数据库会有元数据,关于数据的数据。这种元数据可以帮助避免模式集成中的错误。

2. 冗余

如果一个属性可以从另一个表导出,那么它是冗余的。属性或维度命名的不一致可能导致数据集中的冗余,这可以通过相关分析来检测。

3. 数据值冲突的检测与处理

对于现实世界中的同一实体,由于各自的表示、比例或编码不同,导致这些来自不同数据源的属性值也可能不同。将多个数据源中的数据集成起来,可以减少或避免结果数据集中数据的冗余和不一致性。

4.5 数据质量评估

数据质量(Quality of Data,QoD)的研究是为了解决数据质量的问题,这些问题可能涉及许多领域,如管理科学、工程技术科学等。不同领域的研究人员从各自的角度研究数据质量问题,对其定义有不同的见解。常见的数据质量定义包括满足应用使用需求的程度和数据管理系统实现数据模式和数据实例一致性、正确性、完整性和最小性的程度。然而,这些定义各自独立,缺乏系统性和综合性。本文建议在现有定义的基础上,将数据质量定义概括为数据满足其使用特性的程度,以更好地反映数据质量的本质。

数据质量指标是衡量数据是否符合应用需求的标准。这些指标主要分为正确性、完整性、精确度、隐私性、合理性、参考完整性和及时性七个方面。正确性是指数据能够准确反映客观事物的程度,客观事物与实际值之间的差距越小,数据的正确性越高。完整性是指给定数据集对现实物理对象进行表征时的完备程度。精确度是指数据格式和数据表示值的细致程度。隐私性是数据安全性的一部分,指数据使用过程中数据检测和跟踪手段的优劣。合理性是针对具体的应用场景,数据是否合理,如在一定范围内波动而不超过某一阈值。参考完整性是数据字段在引用其他数据时的有效程度。及时性是指数据可以被及时获取的能力,即对数据可访问性和可用性的时间节点进行预测。

第 5 章 特征分析

5.1 数据特征分析

时序特征:时间序列特征具体包含了以下内容,数据包长度的序列、到达间隔时间序列以及连续数据包的方向等。时间序列特征以统计特征为基础,进一步将数据包之间时间上的关联性表现出来。有关的研究表明,时间序列特征对原数据有更精确的代表性。由于时间序列特征提取出的数据上下限范围较大,因此应该采用归一化的预处理方法,其具体的预处理内容和统计特征的预处理类似,通常需要将数据映射到[0,1]之间。

协议特征:协议特征指的是,通过提取网络协议中某些字段而获得的特征,比如:网络层 IP 协议相关字段、应用层 HTTP 协议相关字段等。与简单的统计特征相比,网络流量的协议特征包含了更多流量的隐藏结构特征信息,因此,它可以被用来检测利用协议漏洞或针对网络协议发起的攻击,比如 DoS/DDoS 攻击。除此之外,还可以通过对流量的协议字段进行分析,从而获得正常流量的协议参数,得到协议状态的转换关系,进而对异常行为进行分析。在入侵检测系统中,以传统特征为基础的检测方法往往不能探测到加密的流量,而以协议特征为基础的方法,由于不需要检测数据包的有效载荷,因此在这方面表现得更好,例如,可以检测出针对 TLS 协议中特定加密算法的攻击。相关工作将 TLS 握手元数据、与加密流有关的 DNS 上下文信息,以及 5 分钟内来自相同源 IP 地址的 HTTP 上下文信息等数据,从而提高了对加密攻击流量的辨识准确率。

由于数据特征差异一般代表不同的硬件设备底层差异,具有高度的相关性,因此一般从时域、频域或者时频结合的角度考虑,同时从数学领域几何分析角度考虑,还可以借助分形理论,挖掘数据的潜在特征。

5.1.1 时域下特征分析

幅度:数据的时域特性,是对数据的一个重要的时变过程进行分析。在 LoRa 的传输中,由于数据波形随时间发生变化,尽管存在外部干扰,但由于外部环境的稳定,不同的数据源所受的环境影响却具有相似性。由于数据源波形所对应的元件"附带"着自身的特性,所以,本项目拟采用抽取数据振幅的方法,对数据波形改变时其能量发生改变的过程进行分析,以求提取其中的差别。

时间稳定性:在许多无线网络应用中,节点通常会连续地监测到许多数值,这意味着节点在时间上相邻的较短时间间隔内感知到的值具有一定的连续性,并且它们展现出一种函数关系。在此基础上,利用感知数据的时间稳定性,可以建立基于时间维度的变化函数,并利用相邻时刻的感知值来恢复缺失的数据。

5.1.2 时频结合特征分析

IMF 振幅:单一频率分量的振幅。

边际谱:边际谱可以处理非平稳数据,如果数据中存在某一频率的能量出现,就表示一定有该频率的振动波出现,也就是说,边际谱能比较准确地反映数据的实际频率成分。而傅里叶变换只能处理平稳数据(作用类似于时频谱,表示在某个频率点是否有幅值的频率。横坐标为频率,纵坐标为幅值)边际谱的精度比频谱高,表达的功能差不多。

包络谱:对数据进行 Hilbert 变换后,再对其进行极值处理,再将其处理成一维数据,再将其处理成一维数据,再将其处理成一维数据。(频率、幅度为横轴)包络谱是一种对冲击故障十分敏感的信号。在包络谱中,每个频率的振幅分布不同于传统的频谱。在频谱图上,故障特征的振幅较小,而在包络谱上,其振幅很高,易于识别。与频谱分析相比,包络谱分析排除了无用的频率干扰,可以更好地显示出故障的特征频率。

5.1.3 分形理论特征分析

信息维数:信息维数是一种特征,用于量化几何形态的不均匀程度,是描述事物分形特征的一种分维数。

盒维数:是一种对欧氏空间(R^n)比如豪斯多夫空间(X, d)进行分形计算的新方法。为了计算分形 S 的维度,你可以想象将它放置在一个等分的格子中,然后数出它所需的最小格子数量。该方法是一步一步细化网格,观察需要覆盖的区域个数的变化情况,进而求出计盒维数。

5.1.4 时空相关性特征分析

对于部署了无线传感器网络监测系统的环境或区域中,在该环境或区域中所发生的特定行为或自然变化一般都是一个持续的、动态的过程。在这一现象的基础上,专家学者们发现,由感知节点采集到的数据,往往会呈现出一定的时空相关性,而这种特征在环境监测等实际应用中尤为突出。

时间相关性:在自然环境中,能量随着时间的推移而变得衰弱或上升,这就造成了传感器所采集到的数据在时间维度上表现出了一定的连续性,或者存在着一定程度的相关性。简而言之,就是在监控范围内,由感知节点收集到的对应的感知数据,在较短的时间间隔中,一般都会发生较慢的变化,而且,同一个感知节点前后相邻时刻的感知数据,一般都是一样的,或者是类似的,这一特性也被称为时间稳定性。

空间相关性:所谓空间相关性,就是因为网络中的感知节点分布密度很大,因此,在相同的监控时间内,那些位置接近的节点(被称作"最近邻"或"邻居")的感知数据之间存在着某种相关性,一般情况下,越是靠近的节点,它们之间的信息关联就越大。而在现实生活中,为了保证数据的可靠传输,一般都是在传感器区域内进行紧挨着部署。时空相关性在 WSN 的多址接入控制、信息融合、网络优化等方面具有重要的应用价值。

因此,时空相关性必将继续成为无线传感器网络研究所必然考虑的重要因素之一。

5.1.5 属性相关性特征分析

此外,由多类型传感器集成的感知节点在同一时刻所采集的多维属性数据之间普遍呈现出较强的相关性。

属性相关性:指在无线传感网中,由单个节点所采集的多类型的属性数据之间往往具有较强关联。例如白天随着光照变强,室外的温度也会随着升高等,而这种属性间的相关性往往通常可以用于缺失数据恢复方法的研究,用来提高数据恢复的精度。

5.1.6 数据流量特征分析

（1）IP 流长度特征：网络环境被各种长度的 IP 数据流所覆盖。从 IP 流的长度特性中，可以判断出 IP 流中所承载的数据的大小。

（2）IP 流速度特征：在网络中，不同类型的数据流具有不同的传输速率。在实际应用中，一般采用平均流速来描述介质流动的特征。平均流速是指一个具体的 IP 流量在每一段时间里的到达速度。从 IP 流量中可以看出一个网络的整体运作状况。

（3）IP 流到达速率特征：在一个特定的时间里，到达一个特定的目的节点的 IP 流数。根据 IP 流量的到达率特性，可以对网络的稳定性进行判断。

5.2 特征提取

5.2.1 数据分解提取

HHT：为了更准确地分析非平稳数据（如 LoRa 等）随时间变化的差异，我们需要进行更深入的数据时频分析。这意味着结合时域和频域的特征，以在不同时间尺度上分析不同频率的数据。为此，我们采用希尔伯特－黄变换（Hilbert-Huang Transform，HHT），利用其中的经验模态分解和希尔伯特变换来获取 LoRa 数据的瞬时模态函数振幅和边际谱作为时频域特征。这样的分析方法可以更好地捕捉数据的频率和波形的变化，尤其对于复杂的非平稳数据，提供了更全面和精确的数据特征。

HHT 在处理非平稳或非线性数据方面具有独特优势，特别适用于雷达数据、光数据等的分析。它与傅里叶变换有类似的思想，但 HHT 更加细粒度。HHT 主要由两部分组成：经验模态分解算法（Empirical Mode Decomposition，EMD）和希尔伯特变换（Hilbert Transform，HT）。首先，EMD 作为第一步将实际接收到的复杂频率数据分解为频率单一的数据，然后利用希尔伯特变换对这些单一频率的数据进行处理。然而，由于实际接收的数据具有复杂的频率特征，而希尔伯特变换只适用于单一频率的数据。为了解决这个问题，Huang 等人提出了在进行希尔伯特变换之前,先对复合数据应用 EMD 算法进行处理。这样的方法能够更好地处理具有复杂频率特征的实际数据,使得 HHT 在时频域分析中成为一种强大的工具。

HHT 主要包括三个处理步骤:(1)对接收到的复杂频率数据利用 EMD 处理使其变成若干个频率单一的分量;(2)对每个单一频率的数据分量进行希尔伯特变换;(3)分析得到的数据时频特征信息。

EMD:通过 EMD,我们可以将频率复杂的数据按照频率降序进行分解,得到有限个频率单一的本征模函数(Intrinsic Mode Function,IMF)和一个残余量,表示不可再分解的部分。这些 IMF 能够包含原始数据在不同时间尺度上的局部数据特征。与小波变换中选择小波基函数不同,EMD 在处理数据时不存在人为干扰的可能性。数据的分解是根据数据本身的规律进行自适应的,并且每个数据具有唯一的基函数。这种自适应性和唯一性使得 EMD 成为一种有效的分解方法,能够更好地捕捉数据的局部特征。

希尔伯特变换:由于希尔伯特变换只能处理单一频率的数据,我们可以将其应用于每个 IMF 进行分析。通过希尔伯特变换,我们可以获得数据的希尔伯特谱,并通过对希尔伯特谱进行积分得到边际谱特征。希尔伯特变换是一种推广形式的傅里叶变换,其与傅里叶变换的不同之处在于能够计算无法通过傅里叶变换衡量的信息,例如数据在特定位置的瞬时信息,包括幅度、频率和相位等。通过利用希尔伯特变换分析瞬时特征的能力,我们能够在满足不同尺度需求的情况下描述数据在时域和频域中的特征。这种综合时域和频域特征的分析方法能够更全面地理解非平稳数据的行为。

5.2.2 分形特征提取

分形作为一种研究对象异常和复杂性的方法,其中分形维数扮演着描述数据特征的重要角色。分形维数是通过分形标度关系计算得出的实际定量数值,不再受限于整数要求,而可以扩展到分数集合。在分形几何学中,分形维数在本质上可被理解为一种统计量,它反映了分形结构如何完全填充空间的方式,因为它可以在更精细的尺度上进行缩小。通常用 D 来表示分形维数。其性质可概括如下:(1)D 的大小反映了几何形状的复杂、精细程度,D 越大表示精细度越高;(2)D 是一个相对量;(3)D 与尺度没有关系。

5.2.3 信息维数特征提取

信息维数同样也是分形维数中的一个关键概念,它通过衡量随机变量的信息熵在连续且更精细化的尺度上的增长率来进行计量。通过信息维数能够更全面地反映出盒维数无法捕捉到的信息分布地密集程度。

5.2.4 R/S 重标极差分析法

R/S 分析法,也称重标极差分析法。最早是由水纹专家 Hurst 在 1951 年提出来的。Hurst 在实际工作中观察到许多自然现象都遵循一种规律,即趋势加上噪声的组合。为了度量趋势强度和噪声水平随时间的变化情况,他引入了统计量 Hurst 指数。这种研究方法被称为 R/S 分析法。随后,经过 Mandelbrot、Wallis 等多位学者的努力,R/S 分析法逐步得以完善。

5.2.5 核主成分分析算法

核主成分分析(KPCA)算法是一种将普通主成分分析(PCA)算法扩展到高维度空间的方法,它利用核函数来实现这一目标。与线性主成分分析(PCA)不同,KPCA 计算的是核矩阵的主特征向量,而不是协方差矩阵的主特征向量。由于 KPCA 是在核空间中应用 PCA,因此具有非线性变换的能力。

由于核函数是可选的,不同的核函数具有不同的映射性能。一些常用的核函数包括多项式核、高斯核和线性核。其中,基于线性核的 KPCA 可以看作是 PCA 的一种特例。通过选择不同的核函数,KPCA 能够适应不同类型的数据,并提供更好的非线性特征提取能力。

5.2.6 多维缩放算法

多维缩放(MDS)算法是一种用于特征提取的非线性映射技术,它能够将高维空间中的数据映射到低维空间,同时尽量保持数据点之间的距离关系。MDS 算法的核心目标是通过优化误差函数(stress 函数)来获得高质量的特征提取结果。在 MDS 算法中,有两种常见的 stress 函数,即原始的 stress 函数和 Sammon 代价函数。

MDS 算法已被广泛应用于多个领域,尤其在数据可视化方面表现出色。它能够帮助我们更好地理解数据之间的关系和结构。然而，MDS算法也存在一些限制。由于算法未考虑临近数据点的分布情况，所计算的两个临近数据点之间的距离可能远远小于实际对应的流形距离。

5.2.7 等度量映射算法

等度量映射(Isomap)算法是流形学习方法的一种，它采用邻接图的构建方式来计算数据点之间的近似测地线距离。Isomap算法可以看作是k近邻(k-Nearest Neighbor)和多维尺度算法(MDS)的结合，它通过保持数据点之间的测地线距离来弥补了MDS在处理临近数据点时的不足。

Isomap算法的过程如下：首先，利用KNN算法找出每个数据点的k个最近邻；然后，使用Dijkstra或Floyd算法构建一个N·N的距离矩阵；最后，通过多维尺度算法(MDS)根据距离矩阵进行非线性降维。

5.2.8 局部线性嵌入算法

局部线性嵌入(LLE)算法是一种通过提取局部特征来实现特征提取的技术。与Isomap算法类似，LLE算法也需要构建数据点的图来计算它们之间的距离，但LLE算法在处理过程中只保留数据的局部特性。因此，LLE算法对于短路问题的影响较小，即使出现短路问题，也只有少数特征受到影响。LLE算法描述了数据点周围流形的局部特征，并通过数据点及其最近邻的邻接点来拟合一个超平面。因此，该算法适用于具有局部特征的数据流形。

第 6 章 异常检测模型

6.1 基于入侵检测技术

一种是基于误用技术的入侵检测系统,它通过探测攻击所呈现出来的具体行为来达到对已知攻击的目标性,也就是它的特性;另一种是建立在误入基础上的安全防范机制。但是,基于误入的入侵防御系统存在着不能发现未知或零日攻击缺陷的风险,且每一种攻击都必须被转化成一种规则才能被发现,而且为了得到正确的防护,还必须频繁、及时地进行更新。相对于基于误入的入侵防御,基于异常防御防御的入侵防御机制是通过对系统行为的检测来实现的。比如,基于特殊情况的入侵防御系统经常会出现非正常的拥塞,或者出现过多的数据包重复传送等情况。因此,基于异常的入侵检测系统的首要目的就是要对网络中的数据流进行分析与分类,从而实现对网络中的恶意企图的识别。相对于以滥用为基础的方式,这种方式无需设定规则。

从入侵检测所使用的分类技术来区分,入侵检测主要分为异常检测和误用检测两大类。

1. 异常检测

异常检测并不是单纯的以入侵攻击为基础,而是以用户行为或者资源利用为基础,对是否存在入侵事件进行分析,从而实现了基于行为的异常检测。当前常见的异常检测方法主要有统计异常、基于数据挖掘的异常检测、基于机器学习的异常检测,以及基于预测模式的异常检测等。

2. 误用检测

误用检测指的是假定所有的网络攻击行为和方法都有一定的模式或特点,并以此模式或特点为基础,对其进行分析处理,从而构建出一个特定类型的数据库。之后,将收集到的有关数据和信息,跟已知类型的网络入侵和系统误用的模式数据库进行匹配,如果匹配,那么就认为发生了入侵。目前误入检测方法已经是一种比较成熟的入侵检测方法,主要包括模式匹配、专家系统和状态转移分析等。

入侵检测技术对比:

异常检测技术和误用检测技术由于采用的基本思想不同,使得两种方法在入侵检测方面表现出各自的优势和劣势。从原理来说,异常检测是根据用户行为或资源使用情况来分析和判断入侵事件发生与否,凡是不符合正常行为的行为就会被判定为入侵,而误用检测则是假设所有的网络攻击行为和方法都具有一定的特征或模式,与已知攻击模式的行为活动相符合就会被判定为入侵;从检测的精度方面来讲,由于误用检测包含有已知的攻击的模式和特征,而在异常检测中,很难对正常行为完整详细地刻画,所以误入检测对已知攻击的检测率要明显高于异常检测,但是面对新型的未知攻击时,误用检测技术无法根据模式匹配和特征对应的方法进行检测,此时异常检测的优势会变得更加突出;从操作难度来说,误用检测主要依赖于专家知识对已知攻击的描述,所以难度较小,而异常检测则需要对复杂网络中的各种行为进行深入的刻画,难度相对较大。

3. 协同入侵检测

入侵检测系统的优势在于能够发现入侵行为,但响应部分并不是其研究重点。不同的网络安全防御模块具有不同的重点与优势,所以可以将入侵检测技术与防火墙、病毒防护、安全电子交易等安全技术相结合,将它们各自的技术优势发挥出来,让各个部分相互协同合作,从而提供一个更加全面的安全防御方案。

4. 分布式入侵检测

传统的入侵检测系统,仅仅局限于单一的主机或网络架构上,这样做不但费时而且无法检测出分布式网络结构中的某些具体问题,比如数据源的关联等,因此针对分布式的大规模网络,应当着重发展分布式入侵检测系统,将注意力集中在分布式网络中可能出现的特殊攻击上。

6.2 基于特征异常分类、聚类技术

1. 随机森林分类器

随机森林是一种常用的机器学习预测建模方法,可用于解决分类和回归问题。它的构建基于决策树算法,形成一个由多个决策树构成的"森林"。在随机森林算法中,首先构建一个决策树,然后通过多次迭代构建多个决策树。随机森林的核心思想是通过 Bagging(自助采样法)来合并多个决策树。在每个决策树的学习过程中,选择对属性进行抽样,但并非使用所有特征,这样每个决策树都是基于部分特征的局部弱分类器,而整个随机森林可以得到全局的强分类器。为了构建这些决策树,随机森林首先从原始数据集中采用 Bootstrap(自主抽样法)生成不同的数据子集,并用这些数据子集进行替换。然后,将这些数据子集送入各个决策树进行训练。在每个决策树的分支处,选择一个特征子集的随机子集来对数据进行分类。随机森林使用基尼指数来选择每个节点的最佳分支,基尼指数越小,表示该类别内存在其他干扰的可能性越小。每棵决策树对应一个类别,而随机森林根据所有树的投票情况来对数据进行分类。即每个决策树对数据进行分类并投票,最终根据投票结果进行数据分类。通过这种方式,每棵树都可以作为一个弱分类器,并与森林中的所有其他树相结合,形成一个强大的分类器。在训练决策树时,使用的数据子集之外的剩余数据被称为袋外数据(Out-of-bag,OOB),它被用于估计误差和特征的重要性。这个估计误差被称为袋外误差(Out-of-bag error)。利用袋外数据可以有效地评估树的泛化能力,因为它们可以在学习分类器时进行测量,而无需额外的工作量。此外,袋外误差能够产生对预期错误率的无偏估计。作为一种机器学习中的树形算法,随机森林中的每棵树都代表一个类别,并由整个森林中的投票情况来决定。类型获得更多的投票意味着该类型的可能性更大。利用独立采样方法得到的随机向量对每棵树在相同分布下的决策起着关键作用。

2. 支持向量机 SVM 异常分类器

SVM 是一种监督学习方法,其研究理论基础建立在统计学和模式识别理论之上,用于解决函数逼近和概率密度估计等问题。这个理论基础确保了 SVM 在

处理小样本、高维数据和非线性问题方面具有独特的优势。SVM 分类算法的核心是通过找到最佳的线性超平面来划分给定多维特征空间中的数据,并定义了两个类别之间的边界。当数据集位于超平面边界上时,这些数据集被称为支持向量。最佳超平面是通过最大化来自两个类别支持向量之间的边界或距离来确定的。通过有效的二次规划优化来计算最大边缘超平面。使用这种方法学习的分类器能够很好地概括那些无法直观发现的数据。

3. 近邻法

鉴于大多数异常行为的低概率和各异性,我们可以利用样本之间的距离或密度来发现潜在威胁。基于距离的近邻法首先计算待测对象与其他样本点之间的欧氏距离或匹配系数,然后找出与其最接近的第 k 个样本,将它们的距离或匹配系数作为该对象的异常度。通常,如果异常度超过预先设定的阈值,就会被视为异常。

一般而言,离邻近样本越近,样本点所处的位置密度就越大。因此,基于密度的近邻法的基本思想与基于距离的近邻法是一致的。然而,仅仅根据被测对象附近样本的密度来判断是否异常对于密度差异较大的情况并不适用。1999 年,Breuning 等人针对这个问题提出了局部异常因子(LOF)的概念,它将被测对象临近点周围的样本密度与其自身所处位置的样本密度进行比较。在正常情况下,LOF 应接近 1,而较大的数值则表明该点越异常,因此 LOF 可以直接用作异常度的判定指标。LOF 是近邻法中最经典的算法之一,后来许多人在密度计算方法、可处理的数据类型以及效率方面对其进行了改进,出现了 COF、ODIN、MDEF 等算法。

4. 群聚法

通过自主学习算法,可以根据样本点之间的距离或相似性自动将它们分成一些群类,而判定异常与否的方法被称为群聚法。在这种方法中,大部分算法的主要目标是进行群类划分,而异常检测通常只是一个附带产物。根据异常检测的方式,群聚法可以分为以下三类:

DBSCAN、ROCK、SNN、FINDOT 等算法利用大部分异常情况无法被群聚的特点,而不要求将每个样本点都归入群类中。通过移除所有群类,剩下的样本点即为异常。

相比于 DBSCAN、ROCK、SNN、FINDOT 等算法，SOM、KMEANS、EM 等算法要求所有样本点都参与群聚，并使用与所在聚类中心的距离作为异常检测的依据。这种方法在异常检测方面表现更优，其中广泛应用的 SOM 算法已被 Labib 和 Vemuri 等研究者应用于入侵检测系统中。

然而，有时异常行为之间存在相似性，形成了它们自己的群类。为此，研究者们提出了代表第三类群聚法的 FindCBLOF，其在群聚后将较小的群类标记为异常。在群聚法中，关键点和提升的难题都集中在"距离"的计算上，因此对该方法性能的改进研究与近邻法有共同的关注点。

5. 层次聚类

层次化聚类是一种将每个样本单独划分为一个类，并根据它们之间的相似性逐步将小的群类合并为大的群类的方法。在满足一定条件的情况下，如样本类间距离或聚类数量等，停止聚合过程以得到最终的聚类结果。层次化聚类的复杂度较高，随着样本总数的增加以平方的方式增加，因此适用于较小规模的数据集进行聚类。相反，划分式聚类从预先选择的聚类中心开始，将其他样本点归入这些群类，并通过不断地更新迭代来获得最佳结果。这种聚类算法的复杂度与样本点的数量成正比，适用于更大规模的数据集。因此，层次化聚类适合处理较小的数据集，而划分式聚类适用于更大型的数据集。

6.3 基于降维技术的检测方法

降维问题涉及将高维空间中的数据样本通过一种映射规则映射到低维数据空间。降维的目的通常有两个方面。首先，高维数据往往包含冗余和噪声信息，若不加处理，这些信息会影响后续的数据处理和分析。其次，对于稀疏性较好的高维数据进行降维可以揭示数据更本质的结构特征，并使数据更易于处理。降维的主要任务是寻找适当的映射方法，使数据在降维后能够减少冗余信息，同时最大限度地保留有用信息，从而便于后续的数据处理，例如提高识别精度或发现数据的本质特征等。机器学习中常用的降维方法包括主成分分析、线性判别分析和局部线性嵌入等。

因此，降维的关键在于找到适合的映射方法，以减少冗余信息并保留有用信息，从而为数据的后续处理提供便利，如提高分类准确度或发现数据的本质特征等。

1. 主成分分析

主成分分析(PCA)经常应用于降维、数据压缩、特征提取和数据可视化等领域。该方法通过使用正交变换,将一组相关的数据对象转换为一组线性不相关的数据对象,这些不相关的数据对象被称为主成分。

在主成分分析中,特征值的大小对应着特征向量的重要性。最大的特征值对应的主成分具有最高的重要性,次大特征值对应的主成分排在第二位,以此类推。通过去除较弱的次要成分,可以仅使用较强的主成分来获得对原始数据更好的表示。

因此,主成分分析提供了一种有效的方式来找到数据中最重要的方向,以便用较少的主成分来表示原始数据,从而实现降维、数据压缩和特征提取等目的。这种方法可以帮助我们更好地理解数据,并为后续的分析和可视化提供有用的信息。

2. 分段聚合近似

分段聚合近似(PAA)的主要思想是在时间序列上使用固定大小的滑动窗口,将时间序列均匀分割成多个段,然后通过计算每个段窗口中数值的平均值来代表该段窗口的数据。PAA算法通过简单的降维思想实现数据的压缩,其中压缩程度和表示精确度取决于数据的分段数量。分段越细,表示精确度越高,但同时也增加了数据的维度;相反,分段越少,表示粗糙度越高,同时也丢失了更多的信息。

然而,需要注意的是,PAA算法使用区间均值来代替整个区间的数据,这会导致一些关键信息点(如极大值点、极小值点和重要的波动点)被粗暴地丢弃,从而造成数据表示的误差。在某些特殊情况下,即使两条或多条序列具有完全不同的波动情况,它们可能具有相同的均值。如果使用PAA算法进行分段表示,可能会导致多条序列被表示为相同的均值信息特征。

因此,在应用PAA算法时,需要在数据降维程度和数据表示的精确度之间进行平衡,并且要注意PAA算法可能引入的数据表示误差和信息丢失问题。

3. 自适应平均聚集常量近似

自适应平均聚集常量近似(APCA)是对PAA算法的改进,用于对原始数据进行分段表示。类似于PAA,APCA也通过选取分割点将数据分割成多个段,并使用每个段的平均值来代表整段数据。然而,与 PAA 不同的是,APCA 在选择分割点时考虑了不同时间序列的特征,并采用了动态规划的思想。APCA 算法根据不同时间序列的特征,动态选择最优的分割点,以获得更准确的分段表示。通过动态规划的方法,APCA 能够在选择分割点时考虑数据的局部特性和全局一致性,从而更好地适应不同时间序列的特点。

通过这种改进,APCA 算法能够提高分段表示的准确性,并更好地捕捉数据的特征。它在选择分割点时考虑了数据的动态特性,从而能够更有效地进行数据分段。

4. 分段线性近似

分段线性近似(PLA)方法采用了分段拟合的思想。首先,针对不同的原始时间序列,提取分段点。通常,主要的特征点,如数据转折点、极大值点和极小值点等,会被优先选择作为分段点。其次,根据提取的分段点将数据进行分段处理。PLA 方法的拟合过程假设每个数据段内的数据满足线性关系,并逐段对数据进行线性拟合,以恢复原始数据的表示。PLA 方法通过将数据划分为多个段,并采用线性拟合的方式来近似表示每个数据段,从而实现对原始数据的分段拟合。每个数据段内的数据被假定为线性关系,然后通过逐段拟合的方式将数据恢复为原始数据的表示形式。

通过这种分段拟合的方法,PLA 能够更好地逼近原始数据,并在每个数据段内建立线性关系,以更准确地表示数据的变化趋势。这种方法在分段线性拟合的基础上,通过提取关键的分段点来捕捉数据的主要特征,并恢复原始数据的表示。

5. 离散小波变换

DFT(离散傅里叶变换)和 DWT(离散小波变换)都是用于将时间序列从时间域映射到频率域的方法。其中,Haar 小波变换是 DWT 中最常用的方法之一。通过应用 Haar 小波变换,可以将时间序列表示为一组近似系数和细节系数。在表示原始序列时,选择其中的 k 个系数进行近似表示。

Haar 小波变换在处理原始数据的细节方面具有优势,能够较好地保留原始数据的细微差异。然而,它的表示形式是分段的梯形结构,并且会生成大量的系数。因此,在从大量系数中选择适当的系数来表示原始序列方面,也有严格的要求。在应用 Haar 小波变换时,需要注意如何筛选合适的系数以表示原始序列,以在保留重要信息的同时降低系数的数量。这种筛选过程需要仔细考虑,以平衡保留重要细节和减少冗余系数之间的关系。

6.4 基于预测技术的检测方法

1. 基于均值的方法

通过计算之前收集到的数据的算术平均值来预测未来的数据。算术平均值反映了历史数据的平均水平,可以用于对未来数据的预测。

2. 基于中间值的方法

考虑到测量结果的随机不对称性,可以利用最近测量结果的中间值进行未来数据的预测。这种方法可以防止异常值和波动对预测结果的过分影响。

3. 基于时间序列的方法

由于网络流量数据随时间变化而变化,因此可以将网络流量数据视为时间序列,并利用时间序列模型来预测未来的流量数据。这种方法利用了时间序列模型来捕捉数据随时间的趋势和周期性,以进行准确的预测。

常见预测模型:

1. 自回归移动平均模型

一个符合 ARMA(p,q) 模型的随机时间序列可以通过自回归移动平均过程生成,这意味着该序列可以用它自身过去或滞后值以及随机扰动项来解释。如果该序列是平稳的,也就是说它的特征不会随着时间的推移而变化,那么我们可以利用该序列过去的行为来预测未来。

2. 差分自回归移动平均模型

差分自回归移动平均模型(Auto Regression Integrated Moving Average,ARIMA)是一种常用的时序预测模型,它将自回归模型、移动平均模型和差分法三种方法结合在一起。对于稳定的数据而言,ARIMA 模型是一种相对成熟且实用的时序模型。

6.5 基于神经网络的预测和检测法

人工神经网络的成功根源在于其能够利用系统的先验知识轻松地对线性或

非线性系统进行建模。通过调整权重、偏差或参数的最佳激活函数,可以实现网络的高性能。例如,在基于梯度的学习算法(如反向传播)中,通常需要多个调谐周期才能达到最佳权重和偏差的状态。

1. 卷积神经网络

卷积神经网络(CNN)是一种人工神经网络,由卷积层和池化层两个模块组成。卷积层通过对输入层进行卷积操作来提取更高级的特征,而池化层则对卷积层提取的特征进行选择和降维,减少数据处理的复杂性。在入侵检测中,首先对原始流量数据进行预处理,生成统一大小的流量灰度图。这些流量灰度图被输入到CNN中,通过CNN提取与流量有效载荷相关的特征,并利用这些特征进行异常流量检测。CNN中提取的特征通常是空间特征,可以与其他神经网络提取的特征相结合,用于异常流量检测。

2. 循环神经网络

循环神经网络(RNN)是一种扩展的前馈神经网络,用于处理序列数据。相比常规神经网络,RNN在隐藏层的神经元之间添加了自连接的权重,使得网络可以记录之前输出状态的信息,实现对前一个序列的记忆功能,成功应对了序列数据预测问题。RNN主要用于提取序列数据的时序特征。在入侵检测中,可以利用RNN分别学习数据包和网络流两个层次上的特征。在数据包层次上,RNN将每个数据包的字节序列作为输入,学习每个数据包的特征信息,并输出对应的特征向量。在网络流层次上,RNN在数据包特征向量的基础上学习数据包之间的序列关系,最终得到流特征向量。入侵检测中可以使用两阶段的RNN来提取数据包和网络流的时间特征,并利用Softmax分类器进行分类。另外,可以结合卷积神经网络(CNN)来学习数据包内部的空间特征,然后利用RNN提取数据包之间的时序特征,综合利用两种神经网络的特征,得到准确刻画网络行为的时空特征,用于网络入侵检测。此外,还可以将RNN和自动编码器结合,自动编码器用于提取和压缩网络流特征,RNN处理网络流数据的序列信息,从而得到流数据的时间特征,两者结合用于网络入侵检测。

3. 长短期记忆网络

针对RNN存在的问题,Hochreiter[35]提出了一种具有代表性的解决方案——长短期记忆(LSTM)网络,用于改进传统的循环神经网络模型。LSTM模型与 RNN 的工作原理相似，但其内部采用了更复杂的处理单元来更新和存储上下文信息。LSTM 作为一种特殊的 RNN 模型，目前被广泛应用。其中最常见的架构如图 6-1 所示。

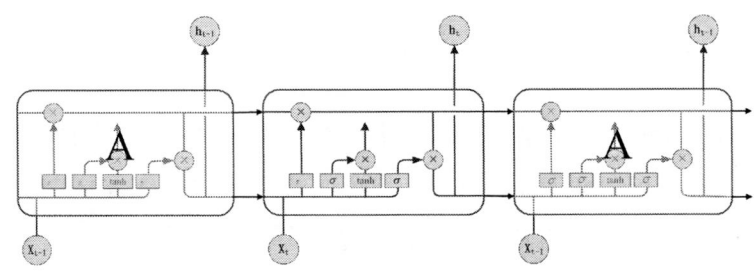

图 6-1　长短期记忆网络

其中 X_t 和 h_t 分别表示 LSTM 的隐藏层的输入和输出。σ 代表的是 Sigmoid 函数，一种非线性激活函数。其中，输入门结构用于调控网络对当前输入的重要程度，决定了多少信息可以被存储下来。遗忘门结构是 LSTM 单元的核心组成部分，主要负责控制上一时刻的上下文向量中哪些信息需要被遗忘。输出门结构则用于调节上下文向量对当前时刻输出向量的影响程度。由于 LSTM 网络可以有效地保持时间信息，因此在单维和多维时序数据的分析、预测和分类任务中得到了广泛应用。

随后，研究者们开始对 LSTM 进行改进，以进一步提升模型的学习能力。其中，门控循环单元（Gated Recurrent Unit，GRU）和双向 LSTM（Bi-directional LSTM，Bi-LSTM）是常见的两种改进变体。GRU 通过将 LSTM 单元中的输入门和遗忘门合并为更新门来控制隐藏状态的更新，从而简化了网络结构。相较于 LSTM，GRU 具有更简洁的架构。双向 LSTM 从两个方向进行输入，能够更好地理解上下文信息。GRU 的作者还提出了编码器—解码器（Encoder-Decoder）架构来处理时间序列数据[38]。先通过编码器将长序列数据转化为固定长度的变量，然后使用解码器进行解码以获取序列信息。

4．时序卷积网络

然而传统的卷积神经网络在捕捉时间信息方面主要依赖于其卷积核的大小，不太适合捕捉时间序列数据的长期依赖关系。2017 年，Bai 等人提出了一种特殊的卷积网络，称为时序卷积网络（Temporal Convolutional Network，TCN）。该框架主要采用因果卷积、膨胀卷积和残差连接等操作来实现对时间序列数据的长期依赖关系的捕捉。因果卷积是一种特殊类型的卷积,如图 6-2 所示,对于上一隐藏层的时刻 t 的值,它只受到下一层时刻 t 及其之前时刻的值的影响。这种模型具有严格的时间约束,因果卷积是基于前面的因来计算后面的果,因此被称为因果卷积。膨胀卷积如图 6-3 所示,主要在卷积过程中对输入进行间隔采样,其中采样率 d 随着层数的增加逐渐增大。膨胀卷积能够扩大卷积神经网络的感受野,有助于捕捉数据的长期依赖关系。残差连接早已被证明是训练深层网络的有效方法,主要通过帮助网络在不同层之间传递信息来改善性能。

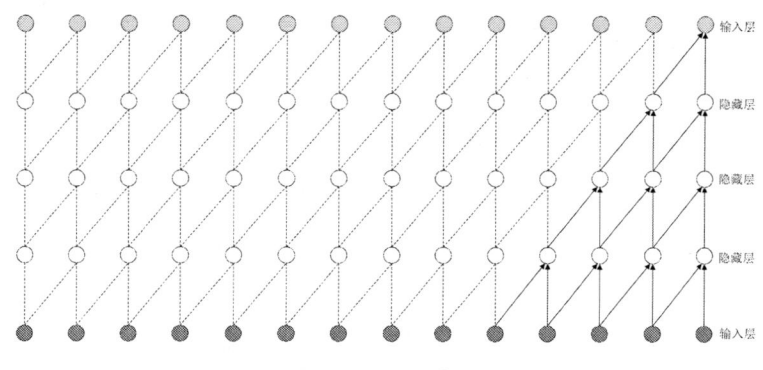

图 6-2　因果卷积

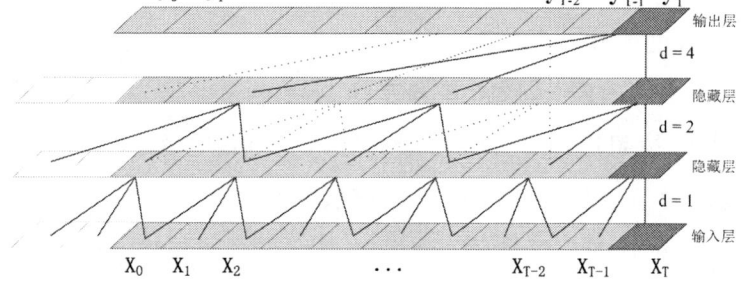

图 6-3　膨胀卷积

5. 自编码器

自编码器的思想可以追溯到 20 世纪 80 年代,它是一种神经网络训练过程,旨在通过重建输入数据来实现特征提取。自编码器由编码器和解码器组成。编码器是一种特征提取函数,通过创建隐藏层将输入数据映射为低维向量。然后,解码器将该向量重建为输出数据。

最初,自编码器主要用于降维,但后来发展出了多种形式,如压缩自编码器

(Contractive Autoencoder)和去噪自编码器(Denoising Autoencoder)。这些方法在时间序列的应用范围也得到了拓展,包括传感器多模式融合、交通流量和云计算中的主机负载等领域。通常情况下,自编码器与其他深度学习方法一起应用于时间序列的预测和检测任务。

6. 受限玻尔兹曼机

受限玻尔兹曼机(Restricted Boltzmann Machine,RBM)是由多伦多大学的 Geoff Hinton 等人在 20 世纪 80 年代提出的一种算法,可用于降维、分类、回归和特征学习。它是一种深度生成模型,用于描述输入(可见单元)和潜在层(隐藏单元)之间的概率关系。在受限玻尔兹曼机中,两个层之间的神经元是全连接的,但同一层中的神经元是无连接的。这种结构在减少时间消耗和加快训练速度方面起着重要作用,同时也使模型的能力受到一定限制。后来,RBM 的一些改进方案如条件 RBM 等也被提出。一些研究人员还利用 RBM 来预测和监测时间序列数据。asgupta 等人提出了一种动态 RBM 模型,主要考虑了数据的高斯特性。RBM 深度模型主要适用于关系建模和特征发现等领域。

7. 深度置信网络

为了进一步增强和扩展 RBM 的信息处理能力,人们通常将多个 RBM 堆叠成一个整体架构,这被称为深度置信网络(Deep Belief Network,DBN)。首先,将输入数据传入第一个 RBM 模型,并将其隐藏层的输出作为第二个 RBM 模型的输入。多个 RBM 按照这种方式逐层堆叠并进行训练。在解决预测问题时,可以在深度置信网络的顶层添加一个逻辑回归层来输出预测值。与受限玻尔兹曼机相比,深度置信网络在时间序列预测和监测方面得到了更广泛的应用。

8. 生成对抗网络

2014 年,在第二十八届神经信息处理系统(NIPS)会议上,Ian J. Goodfellow 等人提出了一种基于博弈论思想的生成模型框架,即生成对抗网络(Generative Adversarial Networks,GANs)。该框架由生成器 G(Generator network)和判别器 D(Discriminator network)两个部分组成。

首先,数据被输入生成器中,生成器产生相应的输出。然后,真实数据和生成数据一起输入判别器中,判别器用于判断数据的真实性。生成器的模型参数通过学习经验进行反馈,以不断优化生成器的数据生成能力。同时,判别器也需要不断优化自身来判断数据的来源。在生成器和判别器不断对抗和优化的过程中,寻找生成器和判别器之间的纳什平衡点。图6-4展示了生成对抗网络的工作过程。

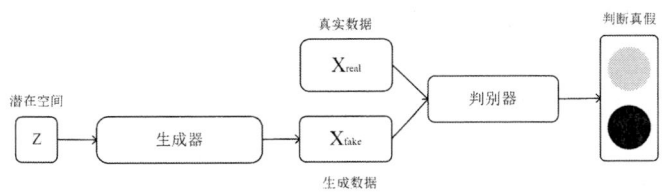

图 6-4 对抗生成网络

对于简单的多层感知器生成对抗网络(GAN),可以使用反向传播技术进行训练。给定输入数据 X 和噪声 Z,训练的目标是通过解决以下最小最大化问题来优化网络参数。

$$\min_G \max_D V(G,D) = E_{x \sim p_{\text{data}}(x)}[\log D(x)] + E_{Z \sim p_z(z)}[\log(1-D(G(Z)))] \tag{6-1}$$

近年来,研究人员一直致力于利用生成对抗网络(GAN)进行时间序列预测的研究。然而,对于离散型序列数据而言,由于实值梯度无法有效地从判别器传递回生成器并用于指导生成器的训练,因此生成离散序列数据一直是一个挑战。为了解决这个问题,Yu等人提出了基于序列数据的生成对抗网络(SeqGAN),巧妙地引入了强化学习的概念,利用策略梯度方法来传递梯度信息并训练生成器。

9. 注意力模型

注意力模型已经成为神经网络中的一个重要概念,并在各个应用领域得到广泛研究,包括自然语言处理和计算机视觉等。在时间序列数据预测问题中,注意力机制可以与多种神经网络结构结合,提高了网络的可解释性,并对长序列模式捕捉起到了积极作用。注意力机制的基本概念源于人类在信息处理过程中的行为,即有选择性地关注某些重要信息而忽略其他不重要的部分。因此,注意力模型的核心机制是:(1)确定要关注输入的哪些部分;(2)将有限的信息处理资源分配给最重要的部分。

大多数模型在应用注意力机制时都或多或少地借鉴了递归神经网络的特性。2017年,Ashish Vaswani等人提出了Transformer网络架构,将其应用于机器翻译任务。与传统的编码解码网络架构不同的是,Transformer完全依赖于注意力机制,而没有采用RNN或CNN。它的优势在于能够解决RNN及其变体存在的长距离依赖问题,更好地记忆长距离信息。Reformer、Logsparse 和 Informer 等模型都是 Transformer 的变体,它们通过修改注意力计算方式和注意力层之间的信息筛选等方法,降低了内存消耗,并提高了模型在处理长序列问题时的计算速度。

10. 图模型

目前,图神经网络 GNN(Graph Neural Network)在时间序列预测模型中展示了巨大的潜力,特别是在某些应用场景中,如交通流量预测。然而,传统方法使用浅层的图卷积网络(GCN)分别对时间序列的时间依赖性和空间依赖性进行建模,但这些模型在结构上存在一些限制,导致其表达能力不足。这主要有以下原因:(1)浅层的图网络无法捕捉到长距离的时间相关性,而时间相关性恰恰是时间序列中最关键的因素;(2)在特定应用场景中,盲目构建空间链接是不可取的,因为时序数据中的空间信息包含某种语义链接,例如交通预测中邻近道路路口之间的相关信息。

因此,为了克服这些限制,近期的研究开始探索更强大的图神经网络模型。这些模型通过引入更深层的结构和更复杂的连接方式来增强模型的表达能力,以更好地建模时间序列数据的时间和空间依赖性。这些创新的方法有助于提高时间序列预测模型在实际应用中的性能和准确性。

第 7 章 可视化系统

针对 LoRa 的特点,入侵检测系统我们需要在三个方面对整个可视化系统进行部署:底层系统,数据处理以及可视化展示。

(1)底层系统:主要对所有需求功能做系统支撑,从硬件到软件涉及详细的方案。例如:考虑到 LoRa 协议物联网设备的可能数量众多,并发量较大,那我们应该采用合适的系统模式来应多;考虑到要用到机器学习的训练模型,那么我们应该在硬件层加入 GPU 来达到更好的实时检测效果。

(2)数据处理:由于传感器节点种类众多,而且数量庞大,那么就会产生大量的不同信息的数据,但是我们处理这些数据的时候我们需要这些数据尽量是格式化和统一的,那么我们就需要通过一定的方案对这些数据进行格式化和定义。

(3)当有底层硬件和软件,加上数据支撑后我们就可以开发我们的可视化展示系统,这一部分需要单独对可视化需求进行分析,进而开发出需求的可视化系统。

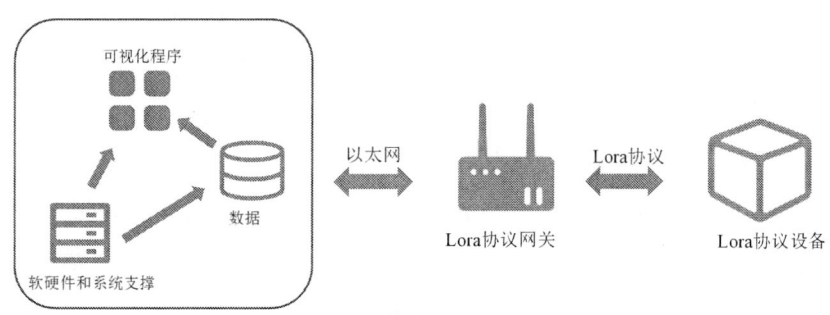

图 7-1 可视化所涉及软硬件简化图

针对以上我们这三个方面的简单描述,应该对整个可视化系统的开发有一个整体的认识,那么接下来会详细说明我们可以通过哪些方案来具体实施上述三个方面的内容。

7.1 基于 LoRa 协议的系统部署方案

7.1.1 系统部署简介

物联网的多样性和异构性导致其系统存在与传统计算机系统不同的安全漏洞。随着越来越多的物联网设备连接到无线网络,整个网络的隐私和安全面临更多的威胁。首先,物联网系统在设备、平台、通信方法和协议方面存在显著差异。其次,物联网系统由互联网连接组件和控制设备组成,使用不安全或过时的组件可能会对设备的安全性造成严重损害。此外,物联网设备缺乏安全的更新机制,如果设备更新过程中发生问题,可能会成为恶意攻击的目标。最后,物联网系统或其组成部分也面临物理危害。另外,由于资源有限,物联网设备往往难以实施复杂的安全机制和软件。因此,传统的系统安全技术已不适用于新的物联网环境。

入侵检测系统(IDS)是一种网络安全设备,用于实时监视网络传输,并在发现可疑传输时发出警报或主动采取反应措施。与其他网络安全设备不同的是,IDS 是一种积极主动的安全防护技术。

在本质上,入侵检测系统是一个典型的"窥探设备"。它不跨接多个物理网段(通常只有一个监听端口),无须转发任何流量,而只需要在网络上被动的、无声息的收集它所关心的报文即可。对收集来的报文,入侵检测系统提取相应的流量统计特征值,并利用内置的入侵知识库,与这些流量特征进行智能分析比较匹配。根据预设的阈值,匹配耦合度较高的报文流量将被认为是进攻,入侵检测系统将根据相应的配置进行报警或进行有限度的反击。

对此,研究者提出了多种解决方案,通过识别物联网系统中的异常情况来检测网络攻击。其中,探针和大数据技术因其强大的自主特征学习能力而备受物联网安全技术研究人员的青睐。大数据技术被证明是模式匹配的最佳方法,可以有效地对任何物联网环境的输入进行真实或无效请求的检测。入侵检测系统根据数据源、体系结构和检测方法的不同划分为多个类型,如基于主机的入侵检测和基于网络的入侵检测以及集中式和分布式入侵检测系统。检测方法可分为基于误用的技术和基于异常的技术。基于异常的检测方法首先确定正常行为的特征,并通过定量方法进行描述,当用户行为活动与正常操作不符时被定义为攻击行为。常见的基于异常的检测方法包括基于数据挖掘、基于特征选择和基于建模的方法。基于异常的检测方法的优势在于能够识别新的入侵可能性,但容易产生误报。为了提高基于异常的检测方法的决策能力,研究人员尝试将大数据技术与其相结合,利用机器学习从大量历史数据中挖掘潜在规律。采用不同的识别方法可以消除单个进程的漏洞,并增强整个物联网系统的可靠性。

入侵检测系统的主要功能如下:

(1) 对用户和网络信息系统的活动进行监控,以便发现非法用户和合法用户的未授权行为。

(2) 对系统配置进行审计,以验证其正确性并检测安全漏洞,并提示管理员修补漏洞。

(3) 对用户的非正常活动进行统计分析,发现入侵行为的规律。

(4) 检查系统程序和数据的一致性与正确性。

(5) 能够实时地对检测到的入侵行为进行反应。

(6) 对操作系统进行审计、跟踪、管理。

入侵检测过程可以分为三个步骤:信息收集、信息分析和结果处理。

(1) 信息收集:入侵检测的第一步是收集信息。收集的内容主要包括系统、网络、数据及用户活动的状态和行为。由放置在不同网段的传感器或不同主机的代理(Agent)来收集信息,包括系统和网络日志文件、网络流量、非正常的目录和文件改变、非正常的程序执行。

(2) 信息分析:系统在收集到有关系统、网络、数据及用户活动的状态和行为等信息后,将它们送到入侵检测引擎。检测引擎一般通过三种技术手段进行分析:模式匹配、统计分析和完整性分析。当检测到某种入侵时,就会产生一个告警并发送给入侵检测系统控制台。

(3) 结果处理:入侵检测系统控制台按照告警产生预先定义的响应并采取相应措施。可以是重新配置路由器或防火墙、终止进程、切断连接、改变文件属性,也可以只是简单地告警给系统管理员。

为此,本书提出基于 LoRa 协议三层结构系统的部署方案。方案分为传感器层、网关层和云计算层(见图 7-2)。

传感器层就是我们常说的节点。传感器层负责数据采集,将采集到的数据以无线信号的形式传递出去,这个数据是经过加密处理的。

网关负责接收终端传递过来无线信号数据。因为终端对数据进行了加密,网关是无法知道接收到的数据内容。网关会将接收到的数据直接转发给服务器。服务器接收到网关转发的数据,服务器会根据数据中的身份信息使用对应的终端密钥对数据进行解密,解密之后就得到了终端采集的数据信息。

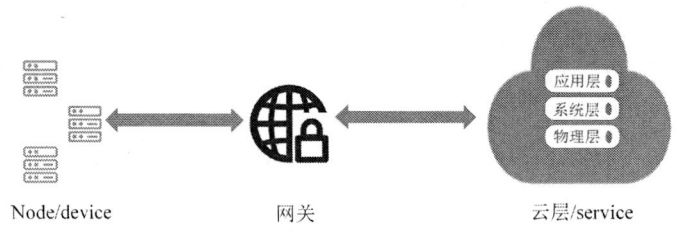

图 7-2　LoRa 协议三层结构

云计算层又可以分为物理层、系统层和应用层。其中物理层是云计算层中的底层设备,提供数据传递服务;系统层是为底层设备提供操作系统;应用层是与用户交互的层次,提供各种各样的软件交互。下文中我们对上述的三层进行详细的介绍。

7.1.2　详细部署方案

感知层就像人类的感官一样,是物联网实现对象识别、数据收集的基础。其中,传感层又分为两个子层:信息收集子层和通讯子层。使用传感器、二维码、条形码、RFID、智能装置等作为数据采集设备,并将采集到的数据通过通信子网的通信模块和延伸网络与网络层的网关进行信息交互。扩展网络包含了传感网、无线个人区域网(WPAN)、家庭网、工业总线等。感知层的主要组成部件有传感器和传感器网关,包括多种发展成熟度且差异性很大的技术,如二维码技术、RFID技术、温/湿度传感、光学摄像头、GPS 设备、生物识别等各种感知设备。在感知层中目前嵌入有感知器件和射频标签(RFID)的物体形成局部网络,协同感知周围环境或自身状态,并对所获得的感知信息进行初步的处理和决策,并按照相应的规则主动做出响应。与此同时,还可以通过各种接入网,将中间或最终的处理结果接入到网络层。

网络层犹如人的大脑和中枢神经。感知层获取信息后,依靠网络层进行传输。目前网络层的主题是互联网、网络管理系统和计算平台,也包括各种异构网络、私有网络。网络层由各种无线和有线网关、接入网以及核心网组成,用于实现感知层数据和控制信息的双向传输、路由和控制。接入网包括自适应数字订阅线路(ADSL)、光纤传输单元(OLT)、数字用户线路接入器(DSLAM)、交换机、射频接入单元、2G/3G 蜂窝移动接入和卫星接入等设备。核心网主要涵盖各种光纤传送网络、下一代网络(NGN)IP 承载网、下一代互联网(NGI)以及下一代广电网(NGB)等公共电信网络和互联网,同时也可基于特定行业或企业的专用网络进行扩展。网络层包括宽带无线网络、光纤网络、蜂窝网络和各种专用网络,在传输大量感知信息的同时,对传输的信息进行融合等处理。

云计算层作为物联网与用户(包括人、组织和其他系统)之间的接口,为不同用户和不同行业的应用提供管理平台和运行平台,并与专业知识和业务模型相结合,实现更准确和精细的智能化信息管理。应用层包括数据智能处理子层、应用支撑子层和各种具体物联网应用。

应用支撑子层提供通用支持服务和能力调用接口,以支持物联网应用的运行。数据智能处理子层是物联网开发的核心技术,以数据为中心,包括数据汇聚、存储、查询、分析、挖掘、理解以及基于感知数据进行决策和行为的理论和技术。数据汇聚将实时和非实时的物联网业务数据汇总并存储到数据库中,以便进行后续的数据挖掘、专家分析、决策支持和智能处理。

云层的部署方案分为三层,图 7-3 中可以清晰看到三层结构图。分别为物理层、系统层和应用层。

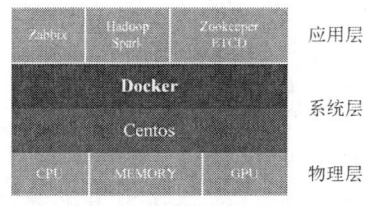

图 7-3

物理层的是为系统层或者用户提供其所需的计算和存储等资源,并通过虚拟化等技术将资源池化,以实现资源的按需分配和快速部署。

系统层是承上启下的一层,它在物理层所提供资源的基础上为用户提供服务,包括了访问控制、资源管理、数据库和中间件等集群,同时可通过集成 API 为客户提供定制开发接口。

应用层是以友好的用户界面为用户提供所需的各项应用软件和服务,应用层直接面向客户需求,向客户提供各类等企业应用。

7.2 基于 LoRa 协议的数据采集处理方案

数据是入侵检测和设备节点管理最重要的支撑。由于传感器节点的种类、数据格式等的不同,所产生的数据也是不同,并且由于传感器设备数量众多,导致所收集到的数据众多。看起来是杂乱无章的。但是我们在做展示和检测的时候对数据格式有一定的要求,但是如何把这众多数据进行分类,找规律并格式化存储是需要用到一定的工具和方法的。

数据的采集和处理需要用到具体的工具,根据需求的不同我们可以把数据的需求整体分为实时的和非实时的,针对实时和非实时的有如下两款工具:非实时的数据处理 Hadoop 和实时数据处理的 Spark。他们各自的内容我们将在下面详细介绍。

7.2.1 Hadoop

Hadoop 是 Apache 基金会开发的一种分布式系统基础架构,可以让用户在无需了解底层细节的情况下进行分布式程序开发。它充分发挥集群的能力,实现高速计算和存储。Hadoop 包含一个分布式文件系统(Distributed File System),其中之一是 HDFS(Hadoop Distributed File System)。HDFS 具有高容错性的特点,并且专为低成本硬件而设计。它提供高吞吐量,适用于处理大数据集的应用程序。HDFS 在一定程度上放宽了 POSIX 的要求,可以以流的方式访问文件系统中的数据。Hadoop 框架的核心设计是 HDFS 和 MapReduce。HDFS 提供了海量数据的存储,而 MapReduce 则为海量数据提供了计算能力。

Hadoop 起源于 Apache Nutch 项目,始于 2002 年,是 Apache Lucene 的子项目之一。2004 年,Google 在"操作系统设计与实现"(Operating System Design and Implementation,OSDI)会议上公开发表了题为 MapReduce:Simplified Data Processing on Large Clusters(Mapreduce:简化大规模集群上的数据处理)的论文

之后，受到启发的 Doug Cutting 等人开始尝试实现 MapReduce 计算框架，并将它与 NDFS(Nutch Distributed File System)结合，用以支持 Nutch 引擎的主要算法。由于 NDFS 和 MapReduce 在 Nutch 引擎中有着良好的应用，所以它们于 2006 年 2 月被分离出来，成为一套完整而独立的软件，并被命名为 Hadoop。到了 2008 年年初，Hadoop 已成为 Apache 的顶级项目，包含众多子项目，被应用到包括 Yahoo 在内的很多互联网公司。

1. Hadoop 的优势

Hadoop 是一个能够对大量数据进行分布式处理的软件框架，以一种可靠、高效、可伸缩的方式进行数据处理。

Hadoop 的可靠性体现在它对计算和存储故障的容错处理上，它通过维护多个数据副本来应对节点故障，确保数据处理的连续性。

Hadoop 的高效性得益于并行处理的方式，可以同时处理多个任务，从而提高处理速度。

Hadoop 还具有良好的可伸缩性，能够处理规模达到 PB 级别的数据量。

此外，Hadoop 依赖于社区服务，因此使用成本较低，任何人都可以使用这个框架。

Hadoop 是一个分布式计算平台，可以方便地为用户构建并使用它。通过 Hadoop，用户可以很容易地进行开发，并使用 Hadoop 来处理大量的数据。其主要优势如下：

(1) 高可靠性。Hadoop 能够以比特方式储存并处理资料，这是值得信任的。

(2) 高扩展性。Hadoop 是一种可以在可扩展到数千个节点的计算机集群上分配数据和完成计算任务的软件框架。

(3) 高效性。Hadoop 具备动态数据迁移的能力，可以在节点之间灵活地移动数据，并确保节点间的负载均衡，从而实现高速的数据处理。

(4) 高容错性。Hadoop 具备自动备份数据的能力，并且可以自动重新分配失败的任务。

(5) 低成本。相较于一体机、商用数据仓库以及 QlikView、Yonghong Z-Suite 等数据集市，Hadoop 作为开源框架，能够显著降低项目的软件成本。

由于 Hadoop 是使用 Java 语言编写的框架，因此在 Linux 生产平台上运行非常理想。此外，Hadoop 上的应用程序也可以使用其他编程语言编写，例如 C++。

2. 大数据处理在 Hadoop 中具有重要意义

Hadoop 在大数据处理应用中得到广泛应用,这得益于其在数据提取、转换和加载(ETL)方面的天然优势。Hadoop 的分布式架构将大数据处理引擎尽可能靠近存储,使得针对 ETL 等批处理操作非常适用,因为批处理的结果可以直接存储。Hadoop 的 MapReduce 功能将任务分解为多个片段(Map),并将这些片段分发到多个节点上进行处理,最后将结果合并成单个数据集(Reduce)加载到数据仓库中。

3. Hadoop 核心架构

Hadoop 是由多个组件构成的分布式平台。在底层是 Hadoop Distributed File System(HDFS),它用于存储 Hadoop 集群中所有存储节点上的文件。HDFS 的上层是 MapReduce 引擎,由 JobTrackers 和 TaskTrackers 组成。通过介绍 Hadoop 的核心分布式文件系统 HDFS、MapReduce 处理引擎,以及数据仓库工具 Hive 和分布式数据库 Hbase,我们基本涵盖了 Hadoop 分布式平台的所有关键技术。

HDFS

对于外部客户机而言,HDFS 就像一个传统的分层文件系统,可以执行创建、删除、移动、重命名文件等操作。然而,HDFS 的架构是基于一组特定节点构建的(参见图 7-4),这是由其自身特性所决定的。这些节点包括一个 NameNode(只有一个),它提供 HDFS 内部的元数据服务,以及多个 DataNode,它们为 HDFS 提供存储块。然而,由于只有一个 NameNode 的存在,这也是 HDFS 1.x 版本的一个缺点(即单点故障)。在 Hadoop 2.x 版本可以存在两个 NameNode,解决了单节点故障问题。

第 7 章 可视化系统

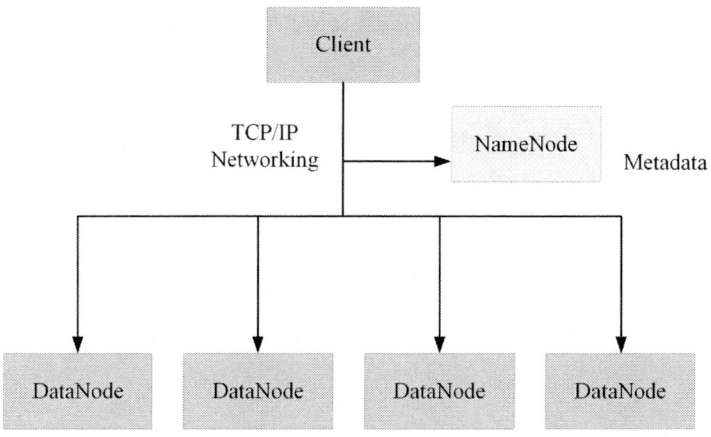

图 7-4　Hadoop 架构图

HDFS 将存储在其中的文件分割成块,并将这些块复制到多个计算机节点(DataNode)上,这与传统的 RAID 架构有着显著的不同。在创建文件时,客户机可以决定块的大小(默认为 64MB 对于 1.x 版本,128MB 对于 2.x 版本)以及复制的块数量。所有文件操作都由 NameNode 控制。HDFS 内部的通信采用标准的 TCP/IP 协议。

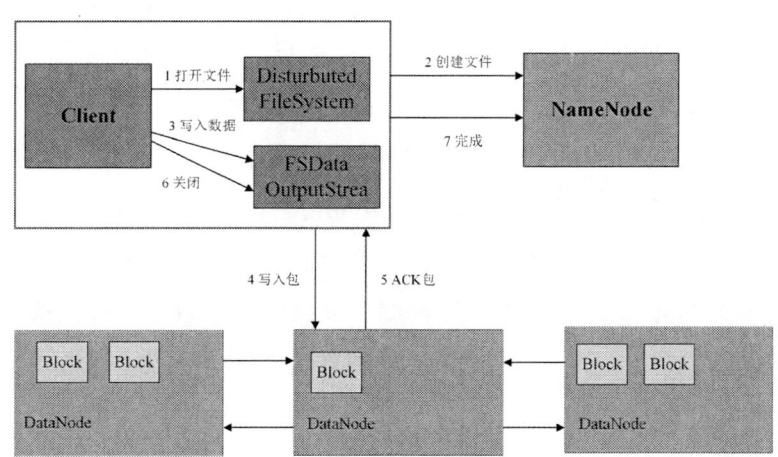

图 7-5　HDFS 写入数据流程图

NameNode

NameNode 是一个在 HDFS 实例中通常运行在单独机器上的软件。它负责管理文件系统的命名空间并控制外部客户机的访问。NameNode 决定文件是否映射到 DataNode 上的复制块。对于最常见的三个复制块,第一个复制块存储在同一机架上的不同节点上,而最后一个复制块存储在不同机架上的某个节点上。

实际的 I/O 事务并不经过 NameNode,只有表示 DataNode 和块的文件映射的元数据经过 NameNode 进行处理。当外部客户机发送创建文件的请求时,NameNode 会以块标识和该块的第一个副本的 DataNode IP 地址作为响应。同时,NameNode 还会通知其他将要接收该块副本的 DataNode。

NameNode 将关于文件系统名称空间的所有信息存储在一个名为 FsImage 的文件中。此文件以及包含所有事务记录的记录文件(称为 EditLog)将存储在 NameNode 所在的本地文件系统上。为了防止文件损坏或 NameNode 系统丢失,FsImage 和 EditLog 文件也需要进行复制副本的存储。

NameNode 具有单点故障(SPOF)的风险,这意味着它的单一实例可能会导致系统中断。主备模式并不能完全解决这个问题。为了实现 100% 的可用时间,需要使用 Hadoop Non-stop NameNode 来提供持续的服务。这样可以确保系统具备高可用性,不会因为 NameNode 的故障而导致中断。

DataNode

DataNode 同样是一个通常运行在 HDFS 实例中单独机器上的软件。Hadoop 集群由一个 NameNode 和大量的 DataNode 组成。DataNode 通常按照机架的结构组织,而机架间的连接通过一个交换机进行。Hadoop 的一个假设是,机架内节点之间的传输速度要快于机架间节点的传输速度。

DataNode 负责响应来自 HDFS 客户机的读写请求。它们还会响应来自 NameNode 的块创建、删除和复制的命令。NameNode 依赖于每个 DataNode 定期发送的心跳消息。每条心跳消息都包含一个块报告,NameNode 可以利用这个报告验证块的映射和其他文件系统的元数据。如果某个 DataNode 无法发送心跳消息,NameNode 将采取相应的修复措施,重新复制丢失在该节点上的块。

7.2.2 Spark

Apache Spark 是一款专为高效处理大规模数据而设计的通用计算引擎。它是由加州大学伯克利分校的 AMP 实验室开源的,并且与 Hadoop MapReduce 类似,具有其优势。不同于 MapReduce 的是,Spark 能够将中间结果保存在内存中,而无需频繁读写 HDFS,这使得 Spark 在数据挖掘和机器学习等需要迭代 MapReduce 算法的场景中表现更为出色。

Spark 是一种与 Hadoop 相似的开源集群计算环境，但是两者之间还存在一些不同之处，这些有用的不同之处使 Spark 在某些工作负载方面表现得更加优越，换句话说，Spark 引入了内存分布式数据集的概念，这使得它不仅可以支持交互式查询，还能够针对迭代工作负载进行优化。通过将数据集存储在内存中，Spark 能够加快数据访问速度，从而显著提升计算性能。这使得 Spark 成为处理大规模数据和执行复杂迭代算法的强大工具。

Spark 是在 Scala 语言中实现的，它将 Scala 用作其应用程序框架。与 Hadoop 不同，Spark 和 Scala 能够紧密集成，其中的 Scala 可以像操作本地集合对象一样轻松地操作分布式数据集。

尽管创建 Spark 是为了支持分布式数据集上的迭代作业，但是实际上它是对 Hadoop 的补充，可以在 Hadoop 文件系统中并行运行。通过名为 Mesos 的第三方集群框架可以支持此行为。Spark 由加州大学伯克利分校 AMP 实验室（Algorithms, Machines and People Lab）开发，可用来构建大型的、低延迟的数据分析应用程序。

Spark 是一种基于内存计算的大数据并行计算框架，最早是由加州大学伯克利分校开发，现已经成为 Apche 顶级开源项目，其作为 MapReduce 的替代方案，兼容 HDFS、Hive 等分布式存储层，相对于 MapReduce 具有以下优点：

（1）基于内存计算，避免了大量 I/O 操作，速度快。
（2）秉持移动计算优于移动数据的理念，大大减少了文件的传输代价。
（3）更好的容错性。
（4）提供了实时的流处理功能。
（5）简单易用。
（6）强大的社区支持。
（7）支持多语言编程接口。

1. Spark 特点

Spark 主要有三个特点：

首先，高级 API 剥离了对集群本身的关注，Spark 应用开发者可以专注于应用所要做的计算本身。

其次，Spark 很快，支持交互式计算和复杂算法。

最后，Spark 是一个通用引擎，可用它来完成各种各样的运算，包括 SQL 查询、文本处理、机器学习等，而在 Spark 出现之前，我们一般需要学习各种各样的引擎来分别处理这些需求。

2. 性能特点

更快的速度。内存计算下，Spark 比 Hadoop 快 100 倍。

易用性。Spark 提供了 80 多个高级运算符。

通用性。Spark 提供了大量的库，包括 SQL、DataFrames、MLlib、GraphX、Spark Streaming。开发者可以在同一个应用程序中无缝组合使用这些库。

支持多种资源管理器。Spark 支持 Hadoop YARN，Apache Mesos 及其自带的独立集群管理器。

Spark 生态系统

Shark：Shark 基本上就是在 Spark 的框架基础上提供和 Hive 一样的 HiveQL 命令接口，为了最大限度的保持和 Hive 的兼容性，Spark 使用了 Hive 的 API 来实现 Query Parsing 和 Logic Plan Generation，最后的 Physical Plan execution 阶段用 Spark 代替 Hadoop Map Reduce。通过配置 Shark 参数，Shark 可以自动在内存中缓存特定的 RDD，实现数据重用，进而加快特定数据集的检索。同时，Shark 通过用户自定义函数（UDF）实现特定的数据分析学习算法，使得 SQL 数据查询和运算分析能结合在一起，最大化 RDD 的重复使用。

SparkR：SparkR 是一个为 R 提供了轻量级的 Spark 前端的 R 包。SparkR 提供了一个分布式的 data frame 数据结构，解决了 R 中的 data frame 只能在单机中使用的瓶颈，它和 R 中的 data frame 一样支持许多操作，比如 select、filter、aggregate 等等。（类似 dplyr 包中的功能）这很好地解决了 R 的大数据级瓶颈问题。SparkR 也支持分布式的机器学习算法，比如使用 MLib 机器学习库。SparkR 为 Spark 引入了 R 语言社区的活力，吸引了大量的数据科学家开始在 Spark 平台上直接开始数据分析之旅。

3. Spark 基本原理

Spark Streaming 是建立在 Spark 之上的流数据处理框架，其基本原理是将流数据分割成小的时间片段（通常是几秒钟），类似于批处理的方式来处理这些小数据片段。Spark Streaming 选择构建在 Spark 之上的原因有两个：首先，Spark 拥有低延迟执行引擎（100毫秒+），虽然不及专门的流数据处理软件，但仍可用于实时计算；其次，与基于记录的其他处理框架（如Storm）相比，Spark Streaming可以通过重新计算一部分窄依赖的RDD数据集来实现容错处理。此外，小批量处理的方式使其能够同时兼容批量和实时数据处理的逻辑和算法，方便了一些需要联合分析历史数据和实时数据的特定应用场景。

4. 计算方法。

Bagel：Pregel on Spark，是基于Spark的Pregel计算模型的图计算框架，是一个非常实用的小项目。它提供了一个示例，实现了Google的PageRank算法。

如今，Spark不仅局限于实时计算，而是朝着通用大数据处理平台的目标迈进，这也标志着Shark的结束，SparkSQL的开启已初露端倪。

近年来，大数据领域的并行化算法研究在大数据机器学习和数据挖掘中变得越发重要。在过去，国内外的研究者和业界主要关注在Hadoop平台上设计并行化算法。然而，由于Hadoop MapReduce平台在网络和磁盘读写方面的高开销，对于需要大量迭代计算的机器学习并行化算法而言，难以实现高效的计算。随着UC Berkeley AMPLab推出的新一代大数据平台Spark系统的出现和不断成熟，近年来国内外开始关注如何在Spark平台上实现各种机器学习和数据挖掘的并行化算法设计。为了让一般应用领域的数据分析人员能够方便地在Spark平台上使用他们熟悉的R语言进行数据分析，Spark提供了一个名为SparkR的编程接口，使得这些数据分析人员能够在R语言环境中轻松地使用Spark的并行编程接口和强大计算能力。

7.2.3 Spark与Hadoop

Spark作为Hadoop大数据处理体系中的一员，最新的架构基于Hadoop2.0，如图7-6所示：

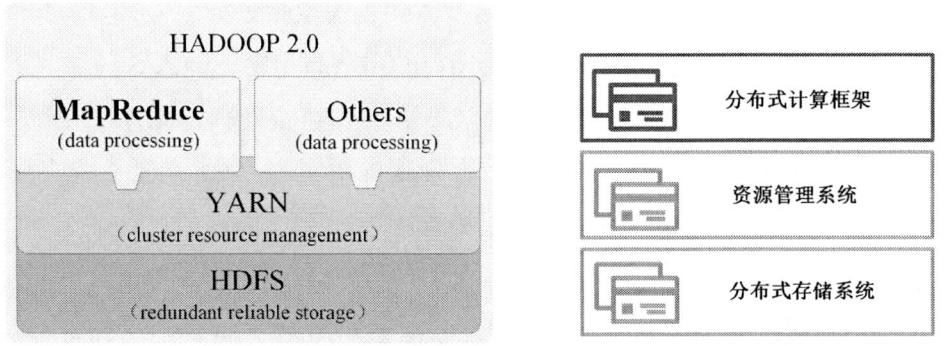

图 7-6 Spark 基于 Hadoop2.0 架构

Hadoop2.0 的架构分为三层，最底层为分布式存储系统即 HDFS，中间层为资源管理系统，广泛使用 Yarn，最上层为分布式计算框架层，在这一层可以存在各种各样的并行计算框架，比如 MapReduce、Spark 等，其实在 hadoop1.0 时是没有资源管理系统这一层的，在老版本中，是由资源管理模块来对计算资源进行管理的，不同的分布式计算框架对应不同的资源管理模块，MapReduce 对应 MapReduce 的资源管理模块，Spark 对应 Spark 的资源管理模块，随着大数据处理技术的不断发展，出现了各式各样的计算框架，为了使 Hadoop 更好的支持这些计算框架，因此 2.0 中提出了资源管理系统层，所有计算框架的资源统一由资源管理系统来分配管理，从而可以更好地支持不断推陈出新的计算框架。

第 8 章 ETL

上面我们讲解了大数据处理相关的工具,基于这些工具我们详细介绍数据处理的操作。具体的操作我们可以归为 ETL。下面我们说明 ETL 具体内容。

8.1 ETL 简介

ETL 是 Extract-Transform-Load 的缩写,它描述了将数据从源端抽取(Extract)、进行转换(Transform)和加载(Load)到目的端的过程。这个过程可以有效地处理各种分布和异构的源数据,尤其是关系数据。通过预先设计的规则,ETL 能够清洗不完整、重复以及包含错误的数据,最终得到符合要求的"干净"数据,并加载到数据仓库中进行存储,这些"干净"数据就成为数据分析、数据挖掘的基石。

ETL 是实现商务智能(Business Intelligence,BI)的核心。一般情况下,ETL 会花费整个 BI 项目三分之一的时间,因此 ETL 设计得好坏直接影响 BI 项目的成败。

企业中常用的 ETL 实现有多种方式,常见的方式如下:

(1) 借助 ETL 工具(如 Pentaho Kettle、Informatic 等)。

(2) 编写 SQL 语句。

(3) 将 ETL 工具和 SQL 语句结合起来使用。

上述 3 种实现方式各有利弊,其中第一种方式可以快速建立 ETL 工程,屏蔽复杂的编码任务、加快速度和降低难度,但是缺少灵活性;第二种方法使用编写 SQL 语句的方式具有灵活性,可以提高 ETL 的运行效率。然而,它的编码复杂度较高,对技术要求也较高。第三种方法综合了前两种方法的优点,能够显著提高 ETL 的开发速度和效率。

8.2 ETL 体系结构

ETL 主要是用来实现异构数据源数据集成的。多种数据源的所有原始数据大部分未作修改就被载入 ETL，因而，无论数据源在关系型数据库、非关系型数据库，还是在外部文件.集成后的数据都将被置于数据库的数据表或数据仓库的维度表中，以便在数据库内或数据仓库中作进一步转换（因此，一般会将最终的数据存储到数据库或者数据仓库中）。ETL 的体系结构如图 8-1 所示。

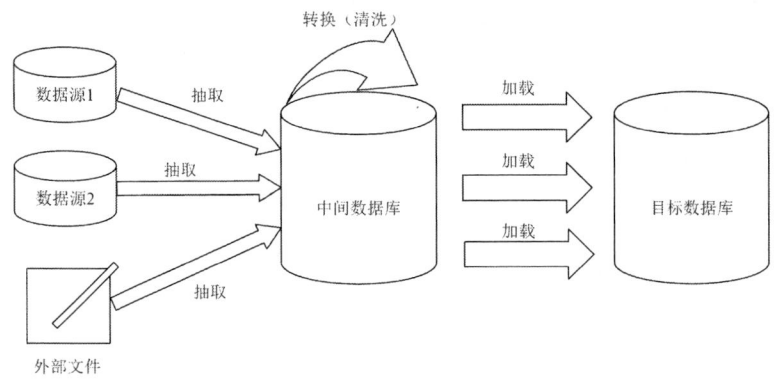

图 8-1　ETL 体系结构

在图 8-1 中，若数据源 1 和数据源 2 均为功能较强大的 DBMS（数据库管理系统），则可以使用 SQL 语句完成一部分数据清洗工作。但是，如果数据源为外部文件，就无法使用 SQL 语句进行数据清洗工作了，只能直接从数据源中抽取出来，然后在数据转换的时候进行数据清洗的工作。因此，数据仓库中的数据清洗工作主要还是在数据转换的时候进行。清洗好的数据将保存到目标数据库中，用于后续的数据分析、数据挖掘以及商业智能。

8.3 ETL 工作流程

抽取：这个环节可能主要是比如说 Sqoop、Flume、Kafka 还有 Kettle、DataX、Maxwell 这些都是抽取工具。离线可能主要是用的 Sqoop 或者是 DataX 去进行离线数据的抽取，像实时可能会采用比如说 Flume 或者是 Kafka、Maxwell，还有

Kettle 去进行抽取。

转换:转换包括清洗、合并、拆分、加工等等,可以用 Hadoop 生态的东西,MapReduce、Spark、Flink、Hive 等去进行数据方面的清洗。

加载:抽取转换之后,就是将数据加载到目标数据库。可能会用到 Hbase 去存储一些大数据方面的东西,或者 HDFS 等等这些工具。

8.4 实时 ETL 工具的实现

8.4.1 相关技术

Web 应用框架是一种基于高级编程语言的开发框架,旨在快速构建动态网站、网络应用程序和网络服务。这些框架的出现大大减少了开发人员在开发过程中遇到的重复性问题,如处理 HTTP 请求、管理会话和访问数据库等,因为这些问题都得到了框架的支持。

当前的 Web 架构主要采用了 MVC(模型-视图-控制器)架构,通过将业务模型层(Model)、用户界面层(View)和控制器层(Controller)分离,实现了它们的独立开发。这种架构使得同一个模型可以被不同的界面展示,同时一个界面也可以获取不同的模型数据,从而增加了 Web 程序的灵活性。

在本节中,我们将简要介绍本系统所使用的两个基础 Web 开发框架:Spring Boot 和 MyBatis Plus 数据库访问框架。

1. Spring Boot

Spring Boot 是目前范围最广的 Java Web 应用开发框架,它在 Spring 的基础上进行了进一步的开发,能够整合第三方开发框架和自身开发的框架,使开发者能够更快速地启动一个 Spring 程序。通过自动配置的方式,Spring Boot 整合了大多数的配置,减少了代码中配置文件的数量。约定优于配置是 Spring Boot 的核心思想。

Spring 是一个轻量级的 Java 开发框架,于 2003 年兴起,旨在解决企业级应用开发的复杂性。它采用了控制反转和面向切面编程等思想,通过简化统一的 JavaBean 对象实现了 EJB 的功能。Spring 具有以下几个特性:

(1)轻量级。Spring 的开发和部署非常便捷,只需一个几兆字节大小的 JAR

文件即可完成。它具有高度的灵活性和可扩展性。

（2）控制反转（IoC）。Spring 采用了控制反转的设计模式，将对象的控制权交由容器管理。通过 IoC 容器，对象的创建和依赖注入由容器完成，实现了松耦合和可维护性。

（3）面向切面（AOP）。Spring 支持面向切面编程，可以在横向上进行内聚性开发，例如日志记录等。AOP 能够将与核心业务逻辑无关的横切关注点进行解耦和管理。

（4）容器。Spring 框架提供了一个容器，用于管理应用对象的配置和生命周期。通过容器，开发者可以更好地组织和管理应用的组件。

（5）MVC。Spring 框架提供了对 MVC（模型－视图－控制器）的完整支持，使得开发 Web 应用程序更加简便和高效。

然而，Spring 在一些方面存在配置文件繁多和依赖管理复杂的问题。Spring Boot 通过 Starter 的方式实现了对依赖的整合和管理，基于"约定优于配置"的思想简化了过多的配置文件，从而解决了 Spring 所面临的这些问题。

系统的系统管理模块采用了 Spring Boot 作为基本框架，用于与前端页面进行交互。Spring Boot 具有以下主要特点：

（1）Starter 简化配置：通过 Starter 依赖简化应用程序的构建配置。Starter 是一种依赖合成方式，将项目中的各种依赖进行封装。通过封装，所有依赖的配置项都整合到了 application.properties 文件中，简化了配置的管理。

（2）直接使用 main 函数启动和嵌入式 Web 服务器：传统使用 Spring 进行开发时，需要额外安装 Web 服务器并配置启动函数路径。然而，Spring Boot 自带了嵌入式 Web 服务器（如 Tomcat），并且指定了启动类和函数。这方便了快速打包部署，并降低了对环境的要求。

（3）自动化配置 Spring 功能：Spring Boot 以注解的方式实现了尽可能地自动化配置。通过工厂模式，在类加载过程中从配置文件中读取相应的配置参数值，完成依赖的自动化配置。

2. 持久层框架

持久层框架是指用于实现功能逻辑模块与持久化设备进行交互的功能模块所使用的框架。在企业应用中，数据是最核心的模块，它比应用程序本身更加重要，因此将数据高效准确地存储到持久化设备中是至关重要的。因此，持久层框架在一个系统中扮演着非常重要的角色,它决定了一个系统的数据读写性能的高低。

目前,常用的持久化框架是基于对象关系映射(ORM)的实现。相对于直接使用 JDBC 实现,ORM 框架提高了开发效率。在 Java 领域,常见的持久层框架包括 JPA、MyBatis 和 MyBatis-Plus 等。在本工具中,我们采用了 MyBatis-Plus 和 MySQL 来实现业务数据的持久化,因此主要介绍这个框架。

持久层框架的选择对于系统的性能和开发效率都有重要影响。通过使用 MyBatis-Plus,我们能够更方便地实现数据的持久化操作,减少了开发的工作量。同时,结合 MySQL 数据库,我们可以实现高效可靠的数据存储。在接下来的部分,我们将详细介绍使用 MyBatis-Plus 框架和 MySQL 数据库实现业务数据持久化的方法。

MyBatis-Plus(简称 MP)是一个对 MyBatis 进行增强的工具,它在不改变 MyBatis 本身的基础上,旨在简化开发并提高开发效率。MyBatis 的优点在于通过配置取代了 JDBC 的连接代码和手动设置参数的烦琐过程,同时封装了结果集为对象,省去了结果集解析的代码。MyBatis 通过简单的 XML 或注解方式实现了 Java 对象与数据库记录之间的映射。MyBatis 具有以下三个主要优点。第一,高度灵活性。MyBatis 对应用程序和数据库没有任何影响,SQL 语句通过 XML 文件实现,便于实现和统一管理。与 JPA 相比,在处理较复杂查询时具有更好的性能。第二,解耦合:MyBatis 解除了代码与 SQL 语句的耦合。传统的 JDBC 实现将 SQL 语句嵌入到代码中,对于维护和扩展都带来很大的影响。而将 SQL 语句单独管理,提高了程序的可维护性。第三,对象关系映射(ORM):MyBatis 提供了对象和数据库的 ORM 字段映射。通过配置文件或注解,可以轻松地实现 Java 对象与数据库表的映射关系。然而,MyBatis 要求开发人员手动完成所有的 SQL 语句编写,对于简单的增删改查操作可能降低开发效率。

JPA 是基于 Hibernate 的持久层框架,其与 MyBatis 最大的区别在于几乎不需要开发人员编写 SQL 语句。通过注解或方法命名的方式实现 CRUD 操作,从某种程度上提高了开发效率。然而,对于复杂的 CRUD 操作,JPA 实现起来不太方便且效率较低。

MyBatis-Plus 是对 MyBatis 的改进版本。简而言之,它整合了 MyBatis 和 JPA 的优点。它既具备了 MyBatis 的 SQL 统一管理和高效处理复杂操作的能力,又具备了JPA对操作进行方法封装并几乎不损失效率的简单易用性。因此,选择MyBatis-Plus作为系统管理模块的持久化层框架,可以在提高开发效率的同时,保持系统的可维护性。

通过使用MyBatis-Plus,开发人员可以充分利用其简单而强大的API来进行数据库操作,而无需手动编写复杂的SQL语句。同时,MyBatis-Plus提供了许多便捷的功能和工具,如代码生成器和分页插件,进一步提升了开发的效率和质量。因此,选择MyBatis-Plus作为系统管理模块的持久化层框架,可以获得高效的开发体验和可维护性。

3. Kafka

Kafka是Apache旗下的一款分布式流媒体平台,主要用于实现消息的发布和订阅,因此通常被归类为消息队列框架。与此同时,Kafka以文件的形式存储消息数据。由于Kafka在实时数据处理方面具有高吞吐量、低延迟、数据持久化和可扩展性等特点,因此在大数据领域中对实时数据接入具有重要的应用场景。作为消息中间件,Kafka在高并发系统中扮演了平滑流量的角色。生产者和消费者的身份完成了业务数据的接收和处理,从而减轻了对数据库在短时间内的访问压力。

一个典型的Kafka集群架构如图8-2所示。其中主要的角色为生产者(Producer)和消费者(Consumer)。同时包含其他组件,具体功能如下:

(1) Broker。Kafka集群中的每个服务器被称为Broker,一个集群可以包含多个Broker。每个Broker中包含一个或多个Topic。如果Kafka集群的Broker数量大于等于Partition的数量,则每个Broker中只存储一个Partition;如果Broker数量小于Partition的数量,则每个Broker中存储一个或多个该Topic的Partition。为了实现集群数据的平衡,在实际应用中通常要求Partition的数量不大于Broker的数量。

(2) Topic。Kafka中数据的最小分类单元,也是数据生成和消费的直接对象。每条数据都对应一个Topic,用户无需关心数据在物理存储中的位置,只需对相应的Topic进行数据的生成和消费。

(3) Partition。数据在服务器之间的最小存储单位。Topic中的数据被分割为一个或多个Partition来进行存储。每个Partition的数据存储在一个或多个Segment文件中。在Partition内部,数据是有序的,但在不同Partition之间,无法保证数据的有序性。因此,在实际应用中,需要根据实际需求在数据顺序性和数据生成消费效率之间做出选择。

(4) Producer。数据的生产者。Producer 将数据发布到相应的 Topic 中。

(5) Consumer。数据的消费者。从相应的 Topic 中读取数据,一个 Consumer 可以消费多个 Topic。

(6) Consumer Group。由一组 Consumer 组成。Kafka 通过 Consumer Group 实现对一个 Topic 的广播和单播,即将数据同时发送给所有 Consumer 或发送给其中一个 Consumer。

(7) leader。针对每个 Partition 可以设置副本数,其中一个 Partition 被称为 Leader,负责数据的读写操作。

(8) follower。即副本中的非 Leader,跟随 Leader 的操作,在 Leader 中的数据增加时,会广播给所有的 Follower。

(9) Offset。对数据的标识,可以根据标识查找数据。同时,Offset 的存在使得在数据消费过程中,未修改 Offset 的数据被视为未消费。

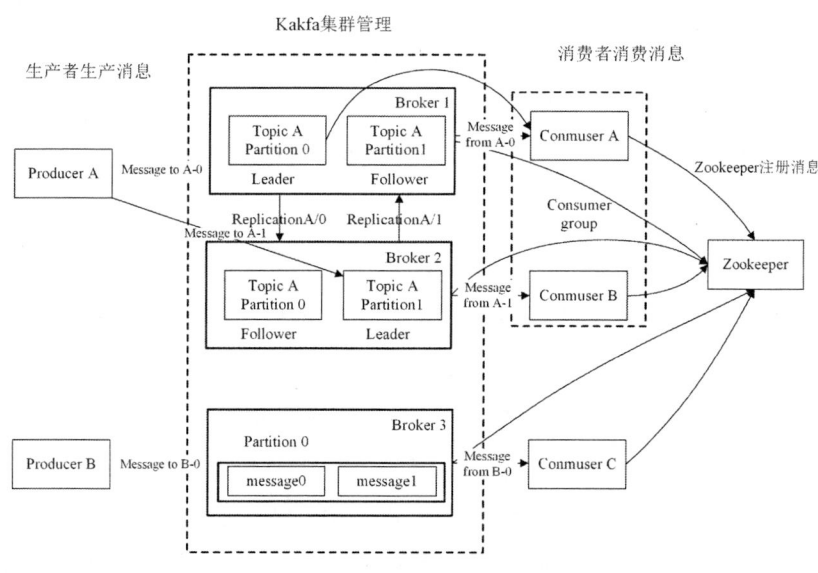

图 8-2 Kafka 集群管理

如图 8-2 所示,Kafka 集群由四个主要组件组成:一个或多个生产者(producer)、多个代理服务器(broker)、多个消费者(consumer)以及一个 Zookeeper。Zookeeper 在 Kafka 集群中负责集群管理、leader 节点的选举以及消费组的重新平衡(rebalance)。生产者使用推送(push)模式将消息发送到代理服务器(broker)，而消费者则通过拉取(pull)方式从代理服务器中读取数据。

通过增加代理服务器(broker)的数量，可以实现 Kafka 集群的水平扩展，进而提升整个集群的吞吐量。对于单个主题(topic)，增加分区(partition)的数量可以增加消费速度。

Kafka 的高性能体现在其采用零拷贝(zero-copy)技术来实现数据在内存和磁盘之间的交互。零拷贝技术使得 Kafka 能够直接将数据传递给内核文件操作符，然后内核直接将数据从磁盘发送到消费者，省去了数据在内核和 Kafka 之间的复制过程。这种优化能够提高数据的传输效率。

鉴于上述核心优势，我们选择使用 Kafka 作为实时数据的缓存通道，它在整个系统的性能、吞吐量和故障恢复方面发挥着重要的作用。在我们的系统中，Kafka 的主要应用场景是处理多任务并发下的大量数据采集。

4. 流批一体处理

在大数据处理领域，数据通常以批处理或流式处理的方式存在。批处理技术有很多种，比如关系型数据库的 SQL 处理，以及大数据领域的 MapReduce、Spark 和 Hive 等。而在流式处理技术方面，新兴的技术包括 Flink。以往的流式数据处理通常采用微批处理的方式，即将流式数据分批处理。然而，Flink 的出现实现了真正意义上的流式数据处理，也引入了新的流批一体化处理技术。

流批一体化技术可以从用户、任务执行和运维三个角度进行理解。对于用户而言，通常需要分别开发流计算和批计算的逻辑，使用两套程序进行处理。而流批一体化处理则解决了这个问题，用户只需要开发一套逻辑即可同时实现流计算和批计算。对于任务执行而言，一个任务通常只能是流数据任务或批数据任务，无法同时具备两者的特性。而流批一体化处理则根据任务在不同阶段所需的操作，灵活地进行流式处理或批式处理，从而提高了数据处理的速度。对于运维而言，流批分开导致运维人员需要维护多个系统和组件，而流批一体化处理可以大大减少系统和组件的数量，方便系统的运维。

在本系统中，我们主要采用 Flink 作为流批一体化处理的核心框架，因此接下来将重点介绍 Flink。Flink 是由 Apache 软件基金会开发的一种新兴的、支持分布式的高性能流处理框架。Flink 专注于无限流数据的处理，并且同时支持批处理。

无限流数据指的是输入的数据不会结束,例如互联网设备数据、系统日志数据等,数据处理会从某一点开始持续执行。在实际应用中,有时也会处理有限流数据,例如从数据库中读取的数据等,即具有明确开始和结束的数据流。事实上,有限流可以看作是无限流的一种特殊情况,因此在实际实现中可以使用基本相同的处理方法。由于 Flink 能够对数据进行实时处理,因此目前广泛应用于诸如淘宝双十一大屏实时显示等场景。如果将无限流数据进行分段处理,就可以形成批数据。Flink 还提供了 DataSet API,专门用于批处理。

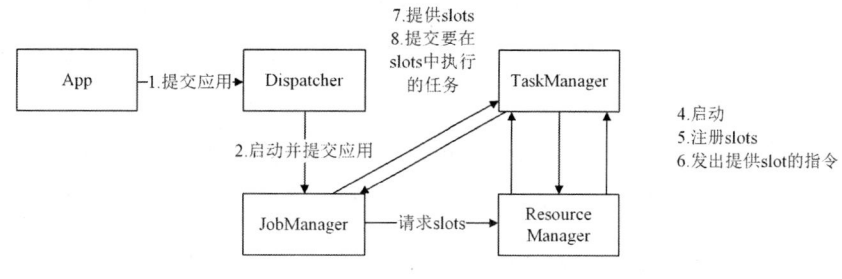

图 8-3 Flink 运作图

如图 8-3 所示,Flink 的运行时组件主要包括作业管理器(JobManager)、任务管理器(TaskManager)、资源管理器(ResourceManager)和分发器(Dispatcher)这四个核心组件。

作业管理器(JobManager)是控制应用程序执行的主进程,它解析应用程序并生成物理层面的数据流图,也被称为执行图(Execution Graph)。

任务管理器(TaskManager)是任务的实际执行者,根据作业管理器分配的任务来完成程序的运行。任务管理器包含一定数量的插槽(slots),这些插槽限制了可以执行的任务数量。每个 TaskManager 都是一个独立的 JVM 进程,在独立的线程上执行一个或多个子任务,插槽用于控制 TaskManager 可以接受多少个任务。插槽的主要作用是隔离内存,最佳实践是当插槽数等于 CPU 核数时。不同的 TaskManager 之间可以互相交换数据。

资源管理器(ResourceManager)负责管理 TaskManager 的插槽(slots),确保资源的分配和回收。

分发器(Dispatcher)为应用程序提供了 REST 接口和 Web 界面,方便用户对 Flink 任务进行管理。

如图 8-3 所示,在 Flink 的独立模式下,任务的提交流程如下:首先,通过分发器(Dispatcher)将任务提交到服务器。一旦程序启动,任务就会被交给作业管理器(JobManager)进行管理。作业管理器会分析程序并确定所需的插槽数量,并向资源管理器(ResourceManager)请求计算资源。资源管理器负责管理可用的计算资源,并根据作业管理器的请求分配合适的资源。最后,分配的资源和实际的执行过程将被发送到任务管理器(TaskManager),由任务管理器完成应用程序的启动和执行过程。

Flink 提供了广泛的流处理 API,包括源(source)、转换(transform)和接收器(sink)等,支持多种数据源,如文件、集合和 Kafka 等;能够实现多种数据计算操作,并支持多种输出目标。对于需要批处理数据的需求,Flink 使用窗口(Window)机制将无界流按照时间和计数的方式进行切分,以获取有限的数据集,从而支持流式数据的批量处理。在流数据处理过程中,保证数据的有序性非常重要。Flink 采用时间语义和水位线(watermark)技术解决由于时间乱序到达造成的问题。当需要访问事件的时间戳信息、水位线信息以及注册定时事件等特定需求时,Flink 的 DataStream API 提供了一系列低级转换算子来满足这些需求。

在实际开发中,我们常常需要将某些数据暂存于内存中,例如过程中的统计数据等。Flink 提供了状态管理功能,状态可以看作是本地变量,可以被任务的业务逻辑访问。Flink 负责管理状态的一致性、故障处理以及高效的存储和访问,使开发人员可以专注于应用程序的逻辑。故障恢复和容错机制一直是数据处理过程中的重要环节,保证数据不丢失并实现系统的快速恢复。Flink 通过一致性检查点(checkpoint)机制实现快速的故障恢复。

对于本系统而言,作为实时 ETL 工具,数据的不丢失和不重复是关键,即实现 Exactly-Once(精确一次)语义。精确一次的处理是最严格且最具挑战性的保证。精确一次语义不仅意味着没有事件丢失,还要求每条数据仅更新内部状态一次。Flink 内部提供了对数据精确一次的支持,从而为系统的端到端一致性提供了局部保证。同时,Flink 对流和批处理的支持为本系统的流批一体化处理提供了强大支持。

5. Redis

现有的数据库可分为内存型和磁盘型。内存型数据库将数据存储在内存中,因此具有快速的读写速度和高并发性,但数据未持久化,服务器重启可能导致数据丢失。磁盘型数据库将数据实时存储在磁盘中,读写速度相对较慢,但由于持久化的特性,数据不会因系统重启而丢失。在系统设计中,通常将需要快速获取、数据修改次数较少或不需要实时存储的数据放入内存数据库中。这样一方面可以大大提高数据访问速度,另一方面减少对磁盘数据的访问次数,降低系统负载。而对于非常重要且修改后需要立即持久化的数据,则存储在磁盘数据库中,以防止数据丢失等情况发生。Redis 是一种内存型数据库,具有出色的读写性能和高并发支持。在本系统中,我们使用 Redis 作为内存数据库。

Redis 是一种高性能的内存数据库,采用 Key-Value 形式存储数据,并具备以下几个特点:

(1) 数据持久化:支持根据时间间隔或写入次数进行快照持久化,可以在重启后进行数据恢复,但可能存在数据丢失的风险。

(2) 主从复制:支持数据库的主从模式,用于实现 Redis 数据库的读写分离,降低主节点的访问压力,并用于数据备份。

(3) 多种数据结构:Redis 支持多种数据结构,包括键值对(key-value)、列表(list)、集合(set)、有序集合(zset)和哈希(hash)等。

(4) 原子性操作:Redis 中的所有操作都具备原子性,保证了操作的完整性和一致性。

(5) 较高的性能:Redis 采用了 I/O 多路复用技术,写操作是单线程的,而整体是多线程的,这既保证了写操作的原子性,又提高了读写性能。

Redis 数据库非常适用于存储需要实时读取且不需要持久化的数据。因此,在本系统中,我们选择将用户的登录信息、ETL 任务执行过程中的实时处理数据的统计结果以及各个模块的信息存储在 Redis 中。这些数据具有不需要持久化、需要快速查询和变化较少的特点。通过这样的设计,可以有效降低对 MySQL 数据库的读写访问压力。

6. 关系型数据库 MySQL

MySQL 数据库是一种目前非常受欢迎的开源关系型数据库,在 Web 应用方面得到广泛应用。它采用完全多线程的方式,支持多处理器,具有高并发性和高效的读写能力。MySQL 提供多种数据类型,与开发中的基本类型相对应,便于数据存储和读取过程中的数据格式转换。此外,MySQL 的 InnoDB 引擎支持多层事务隔离级别,实现多个操作的原子性。同时,通过各种锁机制保证高效的读写操作并确保数据的一致性。

MySQL 数据库支持结构化查询语言 SQL(Structured Query Language)的增删改查操作。它将关系型数据按照数据之间的关系划分为不同的表，并通过外键进行关联。此外，MySQL 支持为单个表创建多种索引，大大提高了复杂关系数据的读写速度。

在本系统中，我们使用 MySQL 作为关系型数据库来存储用户数据、ETL 任务的配置信息、数据源培训信息以及系统各个模块的信息等关系型数据。

8.4.2 系统需求分析

本系统的目标是实现一种能够支持实时数据的 ETL 工具，以解决当前项目中物联网平台在构建数据仓库过程中遇到的问题。本章主要基于项目的背景，阐述了项目的研究目的以及系统的整体需求。其次，我们将用户需求按模块进行详细分解，对功能性和非功能性需求进行需求建模。

1. 系统总体需求描述

本文描述的实时 ETL 工具的应用背景基于实际项目需求，基于项目进行了 ETL 功能的提升和开发，使其成为一个在物联网和大数据领域通用的实时 ETL 工具。具体项目背景如下：在工业物联网领域的数据仓库构建过程中，需要一个具备以下特性的可扩展、高效率的基于 B/S 架构的 ETL 工具：支持 HTTP/HTTPS 接口数据接入、支持实时推送数据接入、支持常用数据库（如 MySQL）数据接入，能够对数据进行过滤、计算等操作。然而，现有的一些 ETL 工具存在以下问题：

(1) 常用的开源 ETL 工具如 Kettle 和 Sqoop 等通常采用 C/S 结构，其存在以下共同问题：无法实现一处部署、到处可用，无法进行统一的管理，并且受单台机器计算资源的限制。此外，对于实时数据处理的支持不佳，特别是对于大数据量的需求无法满足。

(2) 另一种流行的开发方式是基于 Kettle API 实现 B/S 架构的 ETL 工具。该方式的优势在于核心功能依赖于 Kettle 的 API，可以节省一部分开发工作，并获得良好的支持。然而，该方式也存在问题，无法进行集群化部署，对于大量实时数据的支持不佳，因此整体处理速度较慢。

(3) 基于实时计算框架的实时 ETL 工具是一种基于 B/S 架构的分布式部署系统。它基于 Spark 工具，使用基于 MapReduce 编程模型的处理方式来完成数据处理过程。然而,该工具无法满足实时 ETL 的需求。一方面,Spark 作为一种微批形式的实时处理工具,无法实现完全实时处理,无法满足实时 ETL 过程中的一些数据实时统计需求。另一方面,对于没有副本的实时数据,当系统处理速度低于数据产生速度时,无法解决数据丢失问题。

因此,需要设计实现一个能够解决以上问题的实时 ETL 工具,需要满足以下功能性要求:

(1) 支持在服务器上进行部署,并通过 Web 界面进行用户管理、任务管理等功能操作。

(2) 支持主要的 HTTP/HTTPS 接口数据接入,包括推送数据接入,至少支持关系型数据库 MySQL 的数据读取。支持将结果数据输出至 HTTP/HTTPS 接口,以及输出至 MySQL 数据库。

(3) 支持数据处理功能,允许自由组合数据处理组件。组件包括字段过滤、字段计算、字段合并和字段拆分。

(4) 支持 ETL 任务管理功能,包括任务创建、任务监控和历史任务。任务创建支持创建普通 ETL 任务,任务监控包括任务的编辑、启动、停止、暂停、重启和删除功能,历史任务包括历史任务查看、执行结果查看和任务删除。

(5) 支持配置管理功能,包括数据源配置管理和目标库配置管理。数据源配置用于配置 ETL 任务的数据来源连接,目标库配置用于配置 ETL 任务数据的最终输出位置。

(6) 支持实时过程数据上报,能够实时查看 ETL 任务执行过程中的数据读取、未处理、已处理和输出的数据条数。

(7) 支持用户管理,包括用户和角色的增加、删除、修改和查询功能,以及权限管理。提供用户登录、退出和登录状态功能,支持角色权限的编辑和查看功能。

系统性能需求:

(1) 支持单机和集群部署。系统应支持单机部署和集群化部署两种方式,以满足不同规模和需求的部署环境。

(2) 功能模块动态可扩展。系统在集群化部署的基础上,能够根据需求动态增加单个模块,以提供灵活的扩展性和适应性。

(3) 高可靠。系统应具备高可靠性,能够在发生故障导致崩溃的情况下快速恢复,并且不会发生数据丢失的情况,确保数据的完整性和可靠性。

（4）最少支持 50 个任务的并发执行。系统应具备足够的并发处理能力，至少能够同时执行 50 个任务，以满足高负载环境下的需求。

2. 系统边界分析

基于前文对系统总体需求的描述，进一步需要对系统的数据交互和边界进行明确定义，以便为后续的系统功能模块划分和整体设计提供支持。综合系统的功能性需求，可以将实时 ETL 工具系统与外部交互的主要模块划分为用户、数据源系统、目标系统和数据库四个模块。图 8-4 显示了系统的上下文数据流图，以便更好地理解系统的数据交互关系。

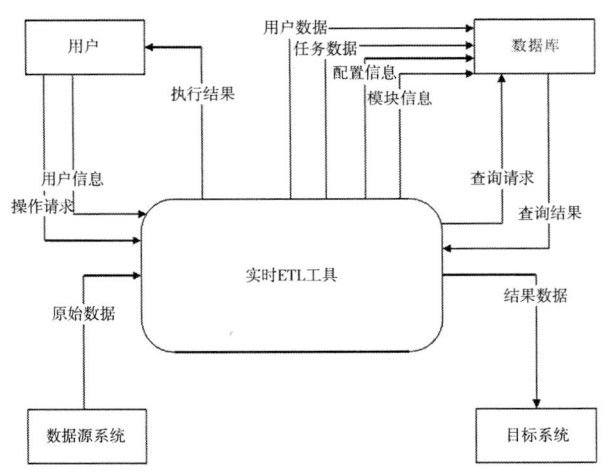

图 8-4　实时 ETL 工具上下文数据流图

用户模块：指使用系统完成 ETL 任务的用户，包括普通用户和管理员用户。用户通过系统的 Web 界面与系统进行交互，进行用户管理、数据转换、数据传输、数据清洗、日志查看等操作。

数据库模块：指系统所依赖的用于存储用户数据、ETL 转换任务数据、数据源系统和目标系统的配置信息数据以及系统内各模块的信息等相关结构化数据。

数据源系统模块：指将输入数据输入到本系统或本系统需要抽取数据的数据源系统。数据源系统提供系统所需的原始数据或待处理数据。

目标系统模块：指经过 ETL 过程后，系统将数据输出的目的地。本系统从数据源系统读取数据，通过内部的抽取（Extract）、转换（Transform）、加载（Load）操作后，将最终处理的数据传输到目标系统。

这样的系统划分和数据流程图有助于明确系统的功能模块和数据交互方式，为后续的系统设计和实现提供指导。

3. 模块间数据交互分析

在对系统的边界进行描述后，为了更清晰地分析系统内部的数据流向，对系统的内部需求进行了进一步拆分。通过详细的内部数据流图展示系统内外各模块的整体关系，如图 8-5 系统数据流图所示。根据系统功能，数据流图主要分为两个部分：实时 ETL 工具系统和外部第三方系统。外部第三方系统包括用户、数据源系统和目标系统。实时 ETL 工具系统由六个主要模块组成，包括系统管理模块、数据接入模块、数据处理模块、数据输出模块、系统监控模块和数据库。

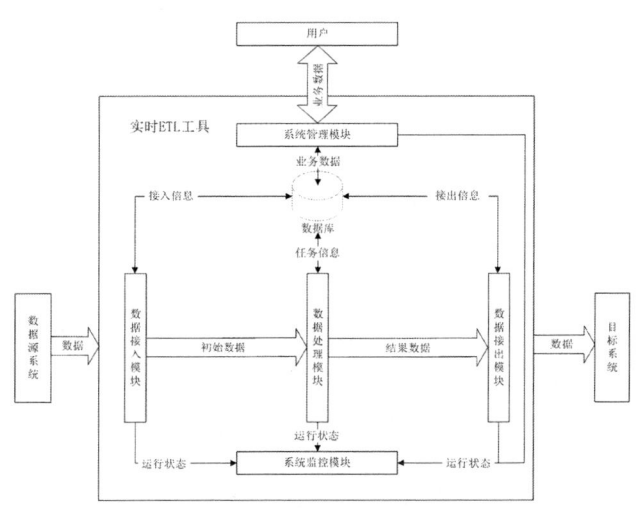

图 8-5　系统数据流图

对于外部第三方系统，用户通过 Web 界面将所有操作数据传入实时 ETL 工具系统，并从界面获取相关数据进行查看。数据源系统提供原始数据，而目标系统用于存储处理后的结果数据。

实时 ETL 工具系统内部的系统管理模块实现与用户的交互，收集和处理用户操作数据（业务数据），将其存储到数据库中，并可以从数据库中获取业务数据返回给用户在 Web 界面上查看。

数据库模块负责数据的持久化，能够存储业务数据和系统运行时数据，并提供增删改查功能。它与系统管理模块进行业务数据的交互，与数据接入模块进行数据源配置和数据采集量的交互，为数据处理模块提供 ETL 任务配置数据的支持,与数据输出模块进行目标系统配置和输出数据量的交互。数据库作为系统相关数据的交互中心起到重要的作用。

数据接入模块负责数据的采集功能。它能够从数据库中获取 ETL 任务的数据源配置,并从数据源系统中提取数据,同时支持大数据量的缓存机制。原始数据会被推送至数据处理模块,而相关的中间数据则会发送到数据库中。

数据处理模块负责数据的转换和处理功能。它能够根据从数据库中获取的任务信息对原始数据进行各种转换和处理操作,并将结果数据推送至数据输出模块。同时,中间数据也会被发送到数据库中。

数据输出模块负责数据的输出功能。它能够根据从数据库中获取的输出信息,将结果数据输出到相应的目标系统。同时,中间数据也会被发送到数据库中。

系统监控模块实现对系统内部各模块的实时监控功能。它能够通过与系统管理、数据接入、数据处理和数据输出模块的运行状态数据交互,完成对这些模块的启动、停止和运行状态监控。

通过对各模块之间数据交互的分析,可以清晰地了解实时 ETL 工具内部各模块之间的数据流向和需要实现的大致功能。这为下一步的模块化系统功能性需求分析提供了明确的思路。

4. 系统功能性需求分析

系统管理模块包括用户管理、任务管理和配置管理模块。该模块提供与用户进行交互的 Web 界面,并实现相应的业务逻辑,将相关数据存储到数据库中。用户管理模块包括用户管理、角色管理和权限管理。任务管理模块包括任务的创建、监控和历史任务查看。配置管理模块用于管理数据源系统和目标系统的配置,包括创建配置、查看配置和删除配置。具体如图 8-6 所示。

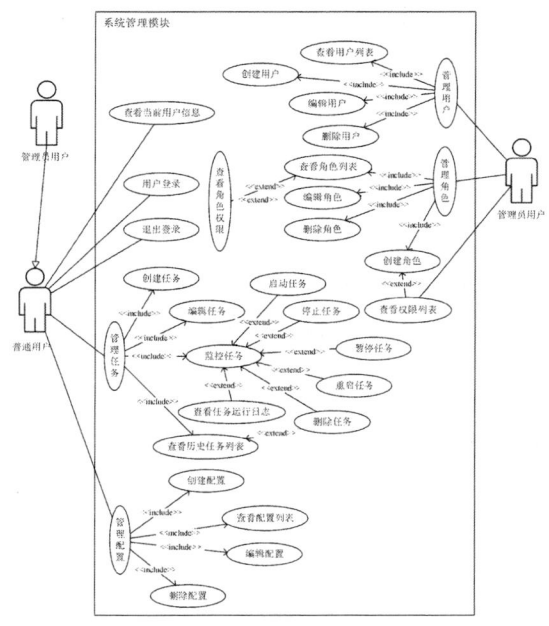

图 8-6 系统管理模块用例图

8.4.3 系统设计与实现

在系统需求分析的基础上,本章进行了系统的设计和实现工作。设计过程采用总分的方法,首先完成系统的总体架构设计,然后进行 ETL 处理过程的试验和设计。在此基础上,进行了数据库设计、系统功能设计和各个模块的详细设计。最后,在设计的基础上实现了系统的具体功能。

8.4.3.1 系统总体架构设计

在前一节对系统总体需求进行分析的基础上,本小节完成了系统的总体架构设计。考虑到实时 ETL 工具的目标,设计过程主要关注两个方面:首先,确保系统的核心执行层不受不同公司或业务场景需求的影响,以适应更多的应用场景;其次,系统需要具备灵活的分模块扩展能力。为降低模块之间的耦合度,设计过程中充分考虑通过数据相关联各个模块的最大化程度。因此,系统总体采用了分层结构。系统从上至下依次包括视图层、业务层、存储层和执行层。

针对第一个方面,系统可分为两个主要部分:业务模块和执行模块。业务模块由视图层、业务层和存储层组成,而执行模块即为执行层。这两个模块通过存储层进行交互,使得业务层的变动不会对执行层产生全面影响。执行层的任务运行不会影响业务模块系统的运行，因此可以在物理部署时进行分离。

针对第二个方面，系统一直贯彻分层设计理念，总体分为四层，每层可以独立部署。系统的功能模块包括系统管理模块、数据接入模块、数据处理模块、数据接出模块和系统监控模块。其中，系统管理模块由视图层和业务层构成，其余四大模块共同实现了执行层核心的 ETL 任务过程。

视图层实现系统与用户之间的界面交互。系统提供登录功能，登录界面是用户进入系统的门户。主界面包含用户管理，任务管理和配置管理模块，分别提供用户、角色、任务以及连接配置的查看、编辑、添加、删除等操作。下层与业务层通过接口对接，发送相关请求并接受对应的业务层的反馈。

业务层是实际系统业务逻辑的实现层。它提供对视图层的 API 接口，通过接受视图层的请求来实现具体的操作功能。业务层包括用户、ETL 任务、组件、日志和配置等相关的业务功能。它与存储层进行交互，实现系统数据的存储和读取。

存储层负责系统所有数据的持久化功能。考虑到系统数据均为关系型数据且需要支持事务操作，我们选择采用关系型数据库 MySQL 作为持久化层。此数据库能够有效地管理和存储系统的各种数据。

除了关系型数据库 MySQL，我们还使用 Redis 数据库来存储任务运行过程中的实时统计数据。Redis 具有快速的内存访问速度，能够提高对实时统计数据的访问效率。通过使用 Redis 作为缓存存储，系统能够更快地获取和处理任务运行过程中的实时统计数据，从而提升系统的性能和响应速度。

执行层为系统最核心层，实现系统的 ETL 任务的执行功能。与存储层交互获取任务信息。如图 8-7 所示，执行层分为数据源系统、处理模块和目标系统三个部分，从左至右排列。数据源系统为 ETL 任务提供数据，而目标系统则是数据的接收方，它们都是系统的外部系统。处理模块是执行层的核心组成部分。

系统整体采用分层结构，不同层之间通过数据进行交互。这种设计将系统内部的业务逻辑、数据存储和 ETL 任务执行功能分开，提高了系统的容错性和可扩展性。通过层与层之间的数据交互，实现了各个功能模块的解耦，使得系统能够更加灵活地适应不同的业务需求和扩展要求。

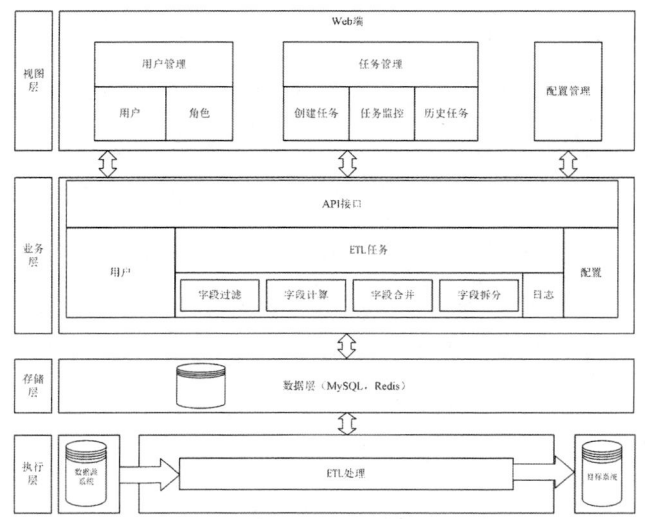

图 8-7　系统总体架构图

基于系统的结构设计,对系统的业务功能进行细分和拆分,如图 8-8 所示为系统功能分解图。

从图 8-8 可以看出,实时 ETL 工具的业务功能可以划分为三个主要模块:用

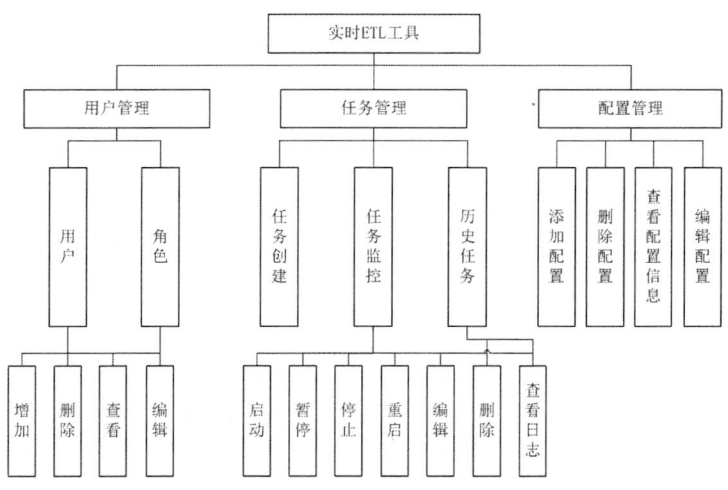

图 8-8　系统功能分解图

户管理、任务管理和配置管理。用户管理模块包括添加、删除、查看和编辑用户和角色的功能。任务管理模块包括任务创建、任务监控和历史任务功能。任务监控模块实现了任务的启动、暂停、停止、重启、编辑、删除和查看日志等功能。历史任务功能包含任务删除和查看任务日志的功能。配置管理模块实现了配置信息的添加、删除、查看和编辑等功能。

8.4.3.2 ETL 过程方案设计及实验

在系统整体架构设计的基础上，重点进行了系统核心模块执行层的设计、试验、测试和技术选择。根据需求，ETL 处理过程需要满足以下几个方面要求：首先，ETL 执行层的数据接入、数据处理、数据接出和系统监控模块之间需要实现低耦合，以便能够独立进行扩展。其次，系统需要具备数据缓存能力，以应对数据处理时的延迟或目标系统消费能力下降的情况，以确保数据不会丢失。另外，由于主要处理实时数据，因此系统需要具备良好的实时数据处理能力，并确保数据处理的准确性，即不会漏处理或重复处理数据。

1. 动态扩展

在核心执行层，采用了从左至右的分层设计，使得数据接入、数据处理和数据接出模块都可以独立进行部署，如图 8-9。通过数据监控模块的设计，可以对系统的数据接入、数据处理和数据接出模块进行监控和管理。这样可以实现对执行层中这三个模块的动态、灵活的部署，避免因任务中数据量增加等原因导致某个模块执行性能不足而无法独立增加或影响其他模块的情况。

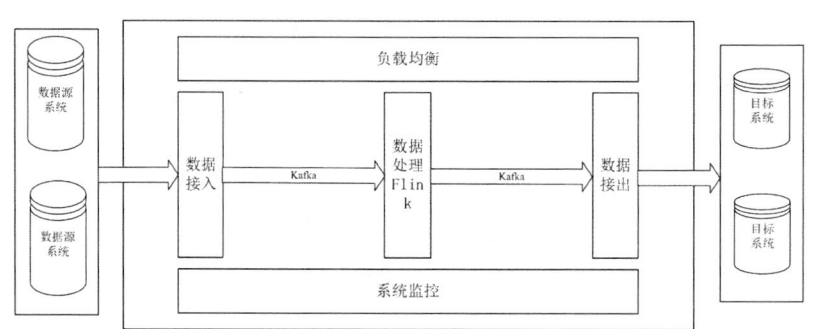

图 8-9　执行层架构图

2. 数据缓存

为了解决数据处理速度较慢可能导致的数据丢失问题，并确保数据从数据接入到数据处理和数据接出模块时的稳定传输速率，我们引入了消息中间件作为数据缓存。在备选方案中，我们选择了目前常用的 Kafka 和 RabbitMQ，并进行了测试、分析和对比。我们在三台虚拟机上完成了环境安装，每台虚拟机配备了 4 GB 内存、500 GB 磁盘和 4 核 CPU。我们针对 Kafka 和 RabbitMQ 分别测试了它们的功能、安装部署复杂度、高可靠集群性能以及解决数据倾斜问题的难度。

经过测试、分析和对比,我们得出以下结论:

功能:Kafka 和 RabbitMQ 都提供了强大的消息队列功能,可以满足系统的需求。

安装部署复杂度:在安装和部署方面,Kafka 和 RabbitMQ 都相对较为简单,并且拥有广泛的文档和社区支持。

高可靠集群:Kafka 在高可靠性方面表现出色,支持分布式部署和数据冗余备份,确保数据的可靠传输和持久存储。RabbitMQ 也提供了高可用性的解决方案,但可能相对复杂一些。

数据倾斜解决难度:在解决数据倾斜问题时,Kafka 相对容易调整和优化分区策略,以平衡数据的消费速率。RabbitMQ 可以通过多个消费者实例来实现负载均衡,但相对而言可能需要更多的手动配置和调整。

综上所述,根据我们的测试、分析和对比结果,我们可以根据具体需求选择 Kafka 或 RabbitMQ 作为消息中间件,以实现数据处理速度和稳定传输之间的平衡。

根据测试结果,我们可以得出结论:对于实时 ETL 工具所需的集群化、数据缓存能力以及解决海量数据时的数据倾斜问题,选择 Kafka 作为本系统的缓存区。如表 8-1 所示,我们将 Kafka 作为数据处理过程中的中间缓存。

表 8-1 Kafka 和 RabbitMQ 性能对比表

类型	功能	易用性	高可用集群	数据倾斜
Kafka	较丰富	安装使用简单	支持	易解决
RabbitMQ	最丰富	较麻烦	支持	难解决

为了应对可能存在的数据丢失问题,我们在设计层面采取了以下措施:在同步模式下,将确认机制设置为-1,即要求消息在写入 Leader 和 Follower 后才确认发送成功,从而避免数据接入时的数据丢失。在数据处理过程中,采用事务和两阶段提交的方式,以保证数据系统内部的一致性,从而整体上确保数据不丢失和不重复。

此外,针对长时间未消费的数据,我们设置了最大保存时间为 24 小时,以确保数据及时处理。

通过以上设计和措施,我们能够有效应对实时 ETL 工具中的数据缓存和处理过程中可能出现的数据丢失和一致性问题,保证系统的稳定性和数据的完整性。

3. 实时数据处理

针对本系统主要关注实时数据的 ETL 过程,我们需要选择一个具有良好实时处理性能的数据处理模块。因此,我们提供以下三种方案供选择:开源的 ETL 工具 Kettle、数据处理引擎 Spark 和实时数据处理框架 Flink。

针对这三种方案,我们分别实现了三个测试版程序,用于演示简单的数据处理功能。具体如下。

(1) Kettle。我们利用 Kettle 开源代码,实现了一个自定义的读取器和写入器,用于消费和生产 Kafka 数据。通过调用 Kettle 的 API,我们实现了对每条数据按字段值为空进行过滤的操作。

(2) Spark。我们搭建了 Spark 环境,并使用 Spark 的 Streaming API 实现了消费和生产 Kafka 数据的程序。通过流式处理,我们能够对数据流中的每条数据按字段值为空进行过滤操作。

(3) Flink。我们搭建了 Flink 环境,并利用 Flink 提供的 API 快速创建了 Kafka 的消费者和生产者程序。使用 Flink 的算子,我们能够实现对数据流中每条数据按字段值为空的过滤操作。

针对这三种方案,我们分别将实现的测试程序进行部署,并使用相同的测试数据集,包含一百万条每条数据 20 字节的数据。我们将测试它们在处理速度和数据实时性方面的性能表现,结果如表 8-2 所示。

表 8-2 数据处理方案对比

类型	处理方式	处理速度	分布式处理	环境依赖性	数据实时性
Kttle	批量	慢(约 120 s)	不支持	不依赖其他	低
Spark	微批	快(约 20 s)	支持	依赖 Spark 环境	一般
Flink	流式	快(约 30 s)	支持	依赖 Fllink 环境	高

基于实时数据处理需求,本系统需要具备快速处理速度、高时效性和分布式处理能力。根据表中的数据对比,Spark 和 Flink 都展现出良好的性能。然而,由于 Flink 拥有 Spark 所没有的 checkpoint 机制和精确一次处理(Exactly Once)保证,并且与 Kafka 有良好的集成,能够提供数据一致性支持,因此我们选择 Flink 作为数据处理模块的框架。

综上所述,我们采用 Kafka 作为数据缓存区,并选择 Flink 作为数据处理框

架。系统架构如图 8-10 所示：顶层为负载均衡功能，确保任务的合理分配；中间层

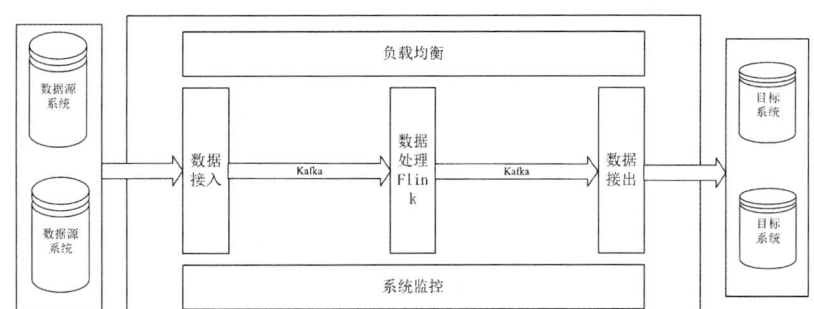

图 8-10　执行层架构图

实现数据的接入、处理和接出功能；系统监控模块用于监控数据接入、处理和接出模块的状态，并支持动态添加。中间层是执行层的核心模块。数据接入模块根据 ETL 任务的数据源配置信息从数据源系统读取数据，并将数据传输到 Kafka 中。数据处理模块从 Kafka 中读取相应的数据，根据任务的组件信息，在 Flink 程序中进行流式处理，并将处理结果数据发送到 Kafka 中。数据接出模块从对应的 Kafka 中获取任务的结果数据，并根据目标系统配置信息将数据发送到相应的目标系统，从而完成 ETL 任务的一次处理过程。底层为系统监控模块，使系统开发或运维人员能够根据实际负载情况动态添加或删除数据接入、处理和接出模块。通过以上设计，系统构建了高性能、高可靠性和可扩展性的基础。

8.4.3.3 数据库设计与实现

在系统总体设计和对系统的业务数据进行详细分析的基础上，我们进行了系统的数据库表设计。本系统采用 MySQL 数据库来存储业务数据，表和字段的命名按照设计标准，使用小写字母和下划线进行组合。

数据库逻辑设计：

在创建数据库表之前，我们需要对系统的业务功能数据进行抽象，将其转化为数据库逻辑关系。这个过程被称为数据建模，它涉及对系统中的实体进行抽象，并对每个实体的属性进行详细描述。此外，还需要分析各个实体之间的关系，并将其表示为实体关系图（ER 图）。最终，通过这个 ER 图来实现系统的数据库表。本系统的 ER 图如图 8-11 所示。

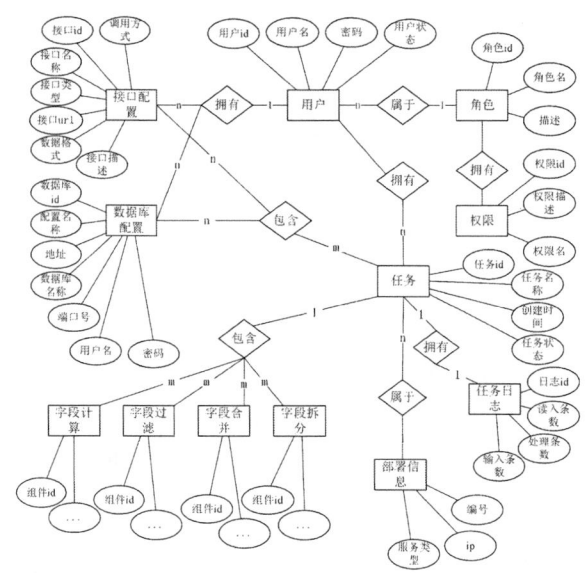

图 8-11 系统实体关系图

如图 8-11 所示,本系统主要包含的实体可以分为两大类,一类为系统用户管理实体,包括用户、角色和权限实体。一个用户拥有一个角色,一个角色可以属于多个用户,一个角色拥有多个权限,一个权限也可以属于多个角色。另一类为ETL 任务实体,包括任务、接口配置、数据库配置、各类组件、任务日志以及部署信息。任务实体作为关键实体,与其他实体存在以下关联关系,具体如下:

(1) 一个任务属于某一个用户,每个用户可以拥有多个任务,即任务与用户为多对一关系。

(2) 任务与接口配置实体之间为多对多关系,一个任务可以关联多个接口配置,一个接口配置也可以被多个任务关联。

(3) 任务与数据库配置实体之间也为多对多关系,一个任务可以关联多个数据库配置,一个数据库配置也可以被多个任务关联。

(4) 任务与部署信息实体之间为多对一关系,一个任务只在一个服务器上运行,即一个部署信息只属于一个任务。

(5) 每个任务拥有一条日志数据,因此任务与日志之间为一对一关系,即一个任务对应一个日志。

接口配置和数据库配置实体由用户创建,因此一个配置属于某个用户,而一个用户可以创建并拥有多个配置。因此,接口配置实体和数据库配置实体与用户之间存在多对一的关系。

关于字段计算、字段过滤、字段合并和字段拆分实体以及部署信息实体,它们较为抽象且属性较多,因此在实体关系图中略过了它们的详细描述。这些实体在后续的物理设计阶段将会进行详细的描述和定义。

部署信息实体指的是 ETL 任务执行器的集群部署信息。通过进行数据建模,我们对系统中的主要实体属性进行了分析,并标识出各个实体之间的关系,为后续的数据库表实现提供了基础和依据。

第 9 章 系统模块分析

9.1 用户管理模块

用户管理具有用户列表、添加用户、删除用户、启动/禁用用户、部门变更、密码重置、用户过滤、导入/导出用户、查看用户信息、编辑用户信息。

普通用户可以对其所在部门和其下级部门的用户进行大部分操作；管理员用户除了可以对平台添加的所有用户进行普通用户能进行的操作外，还可以重置用户的密码和强制下线在线的用户。如图 9-1，为用户管理的用例图。

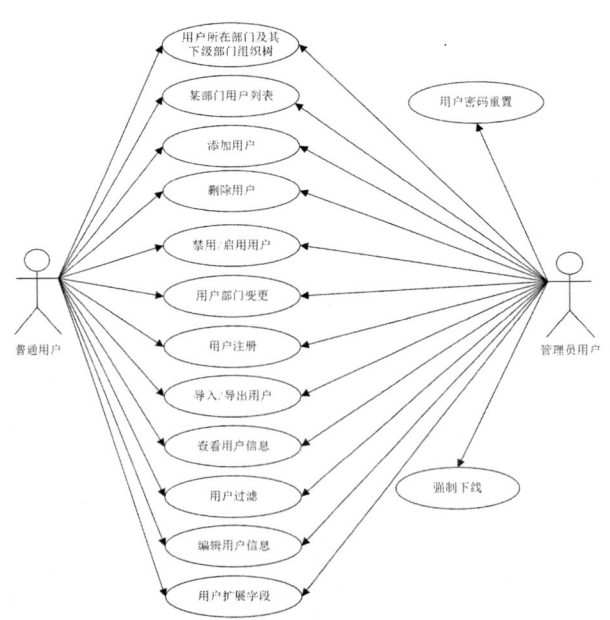

图 9-1 用户管理的用例图

以下将按用例进行分析，如表 9-1 所示内容：

表 9-1 用户管理功能分析

功能项	功能描述
展示用户所在部门及其下级部门组织树	在用户列表左侧展示部门树,此部门树只能展示当前登录用户所部门及其下级,管理员用户应展示平台所有部门。点击此部门树上的部门可对应展示该部门下的用户。
展示某部门的用户列表	点击部门树上的部门后,展示用户列表,列表信息包括用户名、状态、真实姓名、所属部门、手机号码、创建时间等。勾选包含下级后,可展示点击的部门以及其子部门下所有部门的用户。
添加用户	用户的添加,包括用户的基本信息和登录认证信息。
删除用户	对用户列表的用户进行单个或批量删除。
禁用/启用用户	当前登录用户可对其所在部门或其下级部门的用户列表中的用户进行单个或批量启用或禁用。禁用的用户将不能登录平台,启用的用户可以登录平台。
用户部门变更	将单个或多个用户变更到其他部门(用户所在部门及其下级部门)。
用户密码重置	管理员可对其所在部门或其下级部门的单个或多个用户密码重置为默认密码,重置密码的用户在随后初次登录时强制要求修改密码。默认密码平台来定。
用户过滤	可以根据用户名、用户状态、真实姓名、手机号码进行过滤,展示符合条件的用户信息列表。
导入/导出用户	用户可以导入正确填写的用户 Excel 文件若因数据内容错误导致导入失败时,支持用户下载导入失败报告,查看误信息;也可以根据条件导出用户信息到 Excel。
查看用户信息	查看用户信息,包括基本信息、登录认证信息、用户扩展字段信息
编辑用户信息	编辑用户信息,但用户名创建后不允许修改。
用户扩展字段	支持用户自定义用户的扩展字段,扩展字段类型为文本框、日期框和下拉列表。用户的扩展字段来源于数据字典组件的配置。
强制下线	管理员可以将单个、多个在线用户强制下线同时禁用防止其下线后再次登录,需先展示所有在线用户列表。

9.2 角色管理的模块

角色管理为该系统的重要功能。角色在公司或企业中扮演不同的职位等级,角色的配置权限可以用来给用户分配相应的权限。角色可以分为应用角色和功能角色两种。应用角色负责控制用户在应用菜单和应用资源(即特定区域下的资源)上的权限,而管理角色负责控制用户在管理菜单和管理资源(即在目录树中可见的区域)上的权限。在为用户分配角色时,首先需要分配管理角色以赋予用户管理特定区域的权限,然后再分配应用角色以赋予用户访问特定资源的权限。一个用户可以被分配一个管理角色和多个应用角色。角色管理功能包括角色列表、删除角色、启用/禁用角色、添加/编辑角色基本信息、添加/编辑角色权限信息和角色分配等。下图是角色管理的用例图(图 9-2),其中的"用户"表示当前登录的用户(包括管理员),该用户只能操作自己创建的应用角色和功能角色。

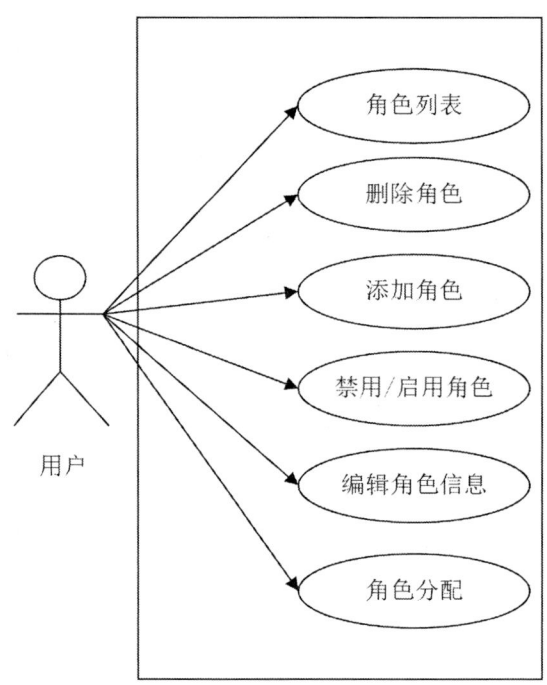

图 9-2　角色管理的用例图

以下将按用例图功能进行分析,如表 9-2 所示:

表 9-2　角色管理功能分析

功能项	功能描述
展示角色列表	展示应用成管理角色列表。到表信息有角色名称、状态、描述信息,创建时间等。默认展示应用角色列表,点击列表上方管理角色按恒后展示管理角色列表。
删除角色	对应用或管理角色列表的角色进行单个或批量删除。

续表

功能项	功能描述
启用/禁用角色	对应用或管理角色列表的角色进行单个或批量启用或禁用。用户分配的角色中用户并不会拥有处于禁用状态的角色的权限。只有处于启用状态的角色的权限。
添加角色	添加角色应用:包括角色基本信息、应用菜单权限、应用资源权限的添加。应用菜单权限控制可访问的应用功能菜单,如视频中心等;应用资源权限控制区域权限及区域下资源的功能权限,如某个监控点位资源的视频预览功能权限。 添加管理角色:包括角色基本信息、管理菜单权限、管理资源权限的添加。管理菜单权限控制可访问的管理功能菜单,如用户管理等;管理资源权限控制在目录树上能看到的区域。 添加应用/管理角色时,添加的权限都是为当前登录用户拥有的权限,如选择菜单权限进行添加时只会显示当前登录用户拥有的菜单权限。
编辑角色信息	对应用/管理角色的基本信息、权限信息进行修改。
角色分配	可以将当前登录用户创建的应用/管理角色分配除当前登录用户所在部门及其下级部门的用户。

9.3 日志管理模块

日志管理系统是一种用于管理实时采集、搜索、分析、可视化和审计系统和事件日志的软件。它能够全面收集全网范围内主机、服务器、网络设备、数据库以及各种应用服务系统等产生的日志,并利用大数据技术进行分析。通过统一的控制台实时呈现可视化结果。

该系统通过定义日志筛选规则和策略,帮助管理员从海量的日志数据中准确查找关键有用的事件数据,精确定位网络故障并提前识别安全威胁。这样可以降低系统宕机时间,快速响应,提升系统性能、业务系统稳定性和整个网络的安全性。

日志管理系统实现了对多种网络设备、安全设备、主机设备以及其他应用系统的日志集中搜集、分析和展示。它还实现了基于物理拓扑的日志监控、分析和审计,使管理员能够实现对网络平台和面向应用的预防性管理、实时监控和事后分析等功能。

日志管理子模块用例图如图 9-3 所示。

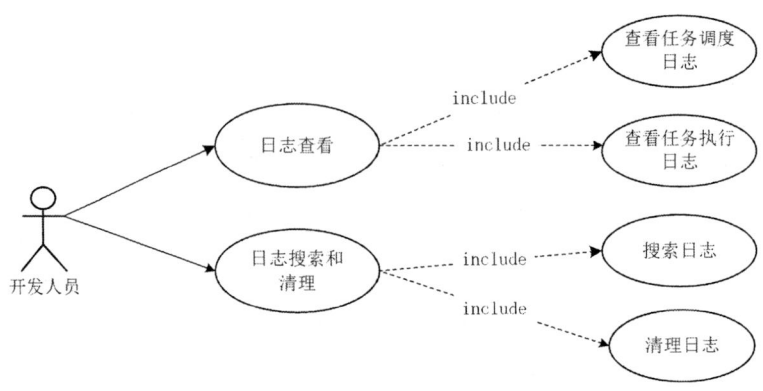

图 9-3 日志管理子模块用例图

9.4 技术栈分类

在软件开发的全过程中,需要有成熟的技术手段和理论来支持软件开发,这一小节主要对该项目所需要的有代表性的有关思想和技术进行了介绍,这些思想包括:蜜罐诱捕欺骗技术、Kafka 消息队列、Django 框架、ElasticSearch 搜索引擎以及 Postgresql 数据库。

9.4.1 MySQL 和 PostgreSQL 数据库

PostgreSQL 是一个自由的对象—关系数据库服务器,经过长期验证和优化,已成为安全、稳定、标准和高效的数据库存储管理平台。PostgreSQL 使用并扩展了 SQL 语言,结合了许多安全存储和处理复杂数据工作负载的功能。它提供了许多功能,旨在帮助开发人员快速构建应用程序、构建容错环境并保护数据完整性。此外,PostgreSQL 还具有高度可扩展性。其主要优点如下:

(1) Postgresql 是遵循 SQL 国际标准的,基于广泛应用的关系数据模型。

(2) 通过提供多种图形化交互的管理工具,可用于方便、快捷的管理数据。

(3) 在各种约束保证数据完整性和安全性基础之上,通过结构化查询语言的操作能力和过程化语言的数据处理能力可以支持大规模数据的存取。

(4) 提供多种权限增强了数据库的整体安全性,可以在某种程度上应对多种数据安全管理的业务场景,保护数据安全。

(5) 适合不同操作系统,具有平台无关性。

（6）为应用开发提供符合标准的接口。

（7）支持数据库核心功能。

MySQL 数据库是一个关系型数据库管理系统（RDBMS），最初由瑞典的 MySQL AB 公司开发，后来被 Oracle 公司收购。MySQL 使用广泛的结构化查询语言（SQL）作为其数据库管理语言。在 Web 应用方面，MySQL 是最受欢迎的 RDBMS 应用软件之一，广泛应用于中小型互联网网站系统的开发中。

MySQL 提供了多种管理方式。除了可以使用命令行工具进行数据库管理外，还可以从互联网上下载图形化的管理工具，如 MySQL Workbench 和 Navicat，方便进行数据库管理操作。除此之外，MYSQL 还具有如下优点：

（1）MySQL 能够支持大量数据的存储和处理，适用于拥有千万条记录的大型数据库，提供高性能和可扩展性。

（2）MySQL 使用标准的 SQL 数据语言，使得系统程序可以方便地调用数据库，进行数据操作和查询。

（3）MySQL 支持多种编程语言，如 C、C++、Python 和 Java 等，使开发人员能够使用他们熟悉的编程语言与数据库进行交互。

（4）MySQL 具有跨平台性，可以在多种操作系统上运行，包括 Windows、Linux 和 Mac OS 等，使其成为一个灵活可用的数据库解决方案。

9.4.2 蜜罐技术

1. 蜜罐

蜜罐是一种被监控的信息系统资源，它不具备任何业务功能，而是专门设计成吸引攻击者的攻击目标。蜜罐可以采用多种形式，例如模拟特定协议、主机系统或整个网络。它预先设置了含有漏洞的系统，在攻击者入侵时有意诱使其攻击该系统。攻击者在攻击过程中会被模拟的网络服务所欺骗，转移了攻击目标。同时，蜜罐会实时记录攻击者的行为和信息，研究人员可以利用这些日志对攻击行为和过程进行分析，以更好地保护用户资产。

蜜罐的关键思想是伪装成真实系统，吸引攻击者。所有进入蜜罐的数据都被视为可疑数据，因为它们是攻击者主动攻击的结果。

蜜罐技术主要有以下优势：

（1）高数据利用率：由于蜜罐不提供任何实际业务功能，任何与蜜罐建立连接的行为都被视为可疑。相对于防火墙等网络安全工具，蜜罐的误报率和漏报率较低，并且收集的数据量较小，具有很高的参考价值。

（2）低资源占用率：蜜罐可以使用成本较低的设备构建，无需大量资金投入和资源支持。

（3）丰富的功能：与传统入侵检测系统只能通过特征匹配来检测攻击不同，蜜罐技术能够捕获攻击者的攻击活动、使用的攻击工具等相关信息。蜜罐技术将网络安全理论与实际物理设备相结合，其数据分析结果不仅揭示了入侵特征，还为网络安全人员提供了有力的信息。

2. 蜜网

蜜网是一个实时监听和监控的网络诱捕系统，由多个蜜罐组成，用于收集和交换信息。蜜网可以监视蜜网系统中发生的所有活动，并提供比单个蜜罐更多的攻击目标。第三代蜜网技术是目前广泛采用的版本。

9.4.3 Elasticsearch 搜索引擎

Elasticsearch 是一个基于 Lucene 的分布式、可扩展的实时搜索和数据分析引擎，它简化了 Lucene 的底层细节。它具有以下主要功能：全文搜索、结构化搜索、分布式搜索引擎、数据分析引擎和处理海量数据的近实时能力。

Elasticsearch 是一种面向文档的数据库，使用 JSON 格式对文档进行序列化，每个文档对应一条数据。一个 Elasticsearch 集群可以包含多个索引，每个索引可以包含多个类型，每个类型包含多个文档，每个文档又包含多个字段。与 Elasticsearch 的交互可以使用 Java API 或 HTTP 的 Restful API。

由于 Elasticsearch 采用倒排索引的方式，因此它比关系型数据库具有更快的过滤能力，这也是 Elasticsearch 强大索引功能的关键所在。

Elasticsearch 的实现原理大致如下：当用户将数据提交到 Elasticsearch 时，数据会经过分词控制器进行分词处理，将语句拆分成独立的词汇，并将它们与相应的权重一起记录在 Elasticsearch 中。当用户在 Elasticsearch 中搜索数据时，系统会根据权重对数据进行评分，并根据评分进行排序，然后将结果返回给用户。

Elasticsearch 因其易用性而受到广泛关注，被广泛应用于日志分析、网站搜索等各个领域。它的主要优势包括以下几点：

（1）简单易用：Elasticsearch 非常简单，部署、使用和操作都非常方便。

（2）可扩展性：它既可以在单机上为小型公司提供服务，也可以作为大型分布式集群处理 PB 级别的数据。

（3）综合技术：Elasticsearch 将分布式技术、全文检索和数据分析等多种技术融合在一起，提供了全方位的功能支持。

（4）丰富功能：相较于传统数据库，Elasticsearch 提供了许多传统数据库无法支持的功能，如同义词处理、全文检索、相关度排名等。

9.5 模块详细实现方案

基于 LoRa 的无线网络入侵检测系统我们大致把其分为用户管理模块、角色管理模块、报警日志模块，下面对这三大模块的实现方案展开详细描述。

9.5.1 用户管理模块详细设计与实现

用户管理是系统管理员用来统一管理所有账号的功能模块。用户登录系统后可以通过系统配置模块中的用户管理子模块进入。在该子模块中，系统管理员需要经过身份验证后，可以执行以下操作：查询用户信息、停用用户账号、启用用户账号、修改用户信息、删除用户账号，以及创建新用户。此外，管理员还可以查询角色和权限信息。具体的业务流程和时序图可以参考图 9-4 和图 9-5。

用户进入用户管理模块后，可以点击角色按钮进入角色列表页面。在该页面，用户可以指定条件进行查询，可以根据角色 ID 或角色名称进行查询。系统会先进行参数校验，如果传入的参数符合 ID 的格式，则根据角色 ID 进行查询；否则，根据名称进行查询。如果没有指定条件，则会查询所有角色对应的权限信息。权限信息存放在数据库的单独表中。

另外，在用户管理页面中，用户可以点击用户按钮，系统会查询数据库并在页面展示所有用户的信息。如果用户指定了查询条件，系统将返回符合条件的角色信息。如果没有指定条件，则返回数据库中的所有角色信息。当用户进行账号查询时，填写用户类型和用户名，然后点击查询按钮，系统接收参数并进行有效性检查，配合数据库查询并返回符合条件的账号信息。

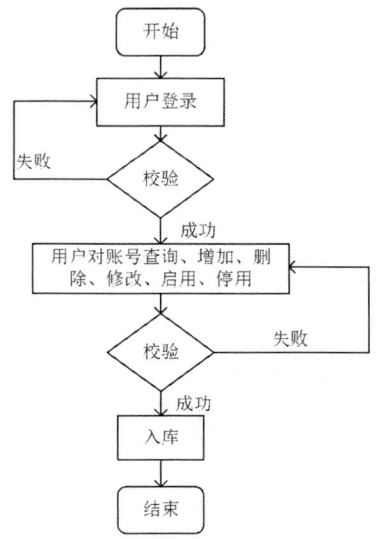

图 9-4　业务流程图

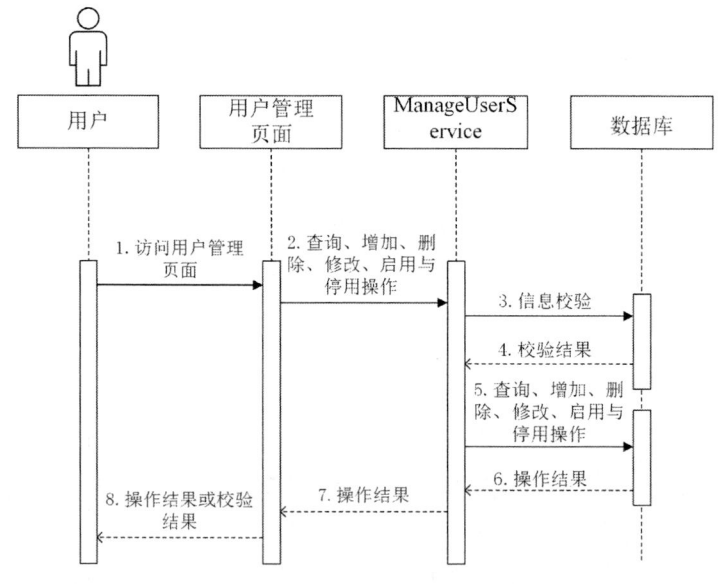

图 9-5　时序图

用户的停用、启用和删除功能可以统一在一个方法中进行处理，使用"status"参数表示操作内容，其中 1 代表启用，2 代表停用，0 代表删除。后台在接收到该参数后，首先判断用户执行的是哪种操作，然后检查是否具有权限执行该操作。如果权限检查通过，就对数据库中的数据进行相应的更新或删除操作。其中需要注意的是：

（1）不可以对当前登录账号进行停用或删除。

（2）不可以对系统管理员账号进行停用或删除。

用户点击账号后的修改按钮，进行账号修改。系统首先判断当前登录账号是否有权限修改账号信息，如无权限则给出提示。后分别修改账号的非角色信息和角色信息，修改非角色信息直接对数据库中的数据进行修改，修改角色信息时需要根据 role_id 去查询角色拥有哪些权限，然后将新的权限信息刷入缓存。

新建操作需要用户填入用户类型 user_type，密码类型 pwd_type，密码 pwd，邮箱 email，角色 roles_id，用户名称 name。后台获取到参数后首先判断该系统是否还能创建新账号，判断此用户在表中是否已存在，根据 role_id 去查询角色拥有哪些权限，通过后将新用户存入数据库并将权限输入缓存中。

用户管理模块页面展示如图 9-6 所示。

图 9-6　用户管理模块页面展示图

9.5.2 角色管理模块详细设计与实现

角色管理模块主要分别提供应用角色和功能角色的角色列表展示、删除角色、启用/禁用角色、添加/编辑角色信息、角色分配等功能。应用角色负责控制用户应用菜单和应用资源即区域下资源的权限，而管理角色负责控制用户管理菜单和管理资源即目录树上能看到的区域的权限。对于用户分配角色需先分配管理角色让用户有区域权限,然后分配应用角色让用户有资源权限。一个用户可分配一个管理角色和多个应用角色。应用角色可分配给用户和部门,而管理角色只能分配给用户。本小节将先介绍角色管理主要涉及的类,然后通过时序图来介绍主要功能的核心流程。

1. 角色管理类设计

如类图 9-7 所示,包含了角色管理模块主要涉及的类和接口,对于 RoleController 类引入的辅助接口 OrgTreeRestService、OrgRestService、ResourceRestService、DeptService、UserService 所需的依赖类并未在图中展示,图中只展示了其实现类及其部分与角色管理模块相关的方法和属性。其中类图 9-7 是角色管理核心的类及接口。如下将对图由的类及接口一一进行详细分析。

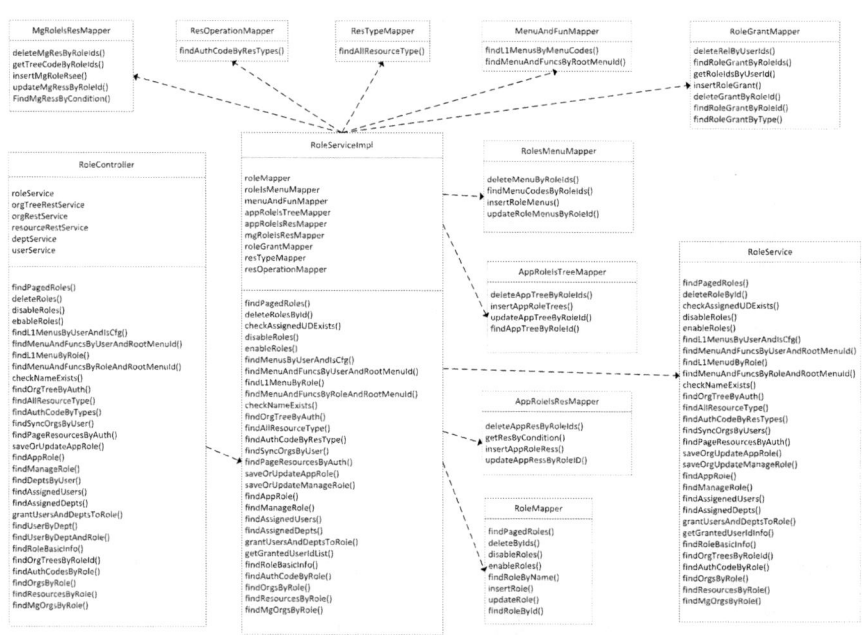

图 9-7 角色管理核心的类及接口图

(1) RoleController:角色管理模块的控制器类,控制此模块的具体业务调度,在此类里面要调用 Service 层的接口来控制业务流程。通过调用 RoleService 接口的方法来完成对角色基本信息和权限信息的基础操作、角色的禁用启用、角色的分配等业务操作;通过调用 DeptService 接口的 findDepts0)方法和 findDeptIndexCodesByUserIndexCodes()方法来查找用户所属部门以及子部门返回给前端处理并渲染成分配页面的部门树;通过调用 OrgTreeRestService 接口的 find-

OrgTreesByTreeCodes()方法查询目录树;通过调用 OrgRestService 接口的 findOrgsByCondition()方法查询一棵完整的区域树;通过调用 ResourceRestService 接口的 findPageResourceByCondition()方法分页查询区域下资源;通过调用 UserService 接口的 findPagedUserInfos()方法查询部门下用户。

（2）RoleService:该接口定义了角色管理模块中用于处理具体业务的方法。这些方法用于管理角色和权限的操作

（3）RoleServiceImpl:角色管理模块的业务处理类,即 RoleService 接口的实现类,实现了此模块的具体业务功能要求。

（4）RoleMapper:角色管理模块的角色基本信息数据库访问接口定义了对数据库中角色基本信息进行持久化操作的方法。该接口用于操作 xauth role 表,实现对角色基本信息的存储、更新、查询和删除等数据库操作。

（5）AppRoleIsResMapper:角色管理模块的应用角色分配资源数据库访问接口定义了对数据库中应用角色与资源关联进行持久化操作的方法。该接口用于操作 xauth role res 表,实现对应用角色与资源关联关系的存储、更新、查询和删除等数据库操作。

（6）AppRoleIsTreeMapper:角色管理模块的应用角色分配目录树数据库访问接口定义了对数据库中应用角色与资源树关联进行持久化操作的方法。该接口用于操作 xauth roletree 表,实现对应用角色与资源树关联关系的存储、更新、查询和删除等数据库操作。

（7）RoleIsMenuMapper:角色管理模块的角色分配菜单数据库访问接口定义了对数据库中角色与菜单关联进行持久化操作的方法。该接口用于操作 xauth role menu 表,实现对角色与菜单关联关系的存储、更新、查询和删除等数据库操作。

（8）MenuAndFunMapper:角色管理模块的查询菜单及功能项的数据库访问接口定义了从关联了 xauth i18n menu 表进行国际化的数据库中查询菜单及功能项的方法。该接口用于操作 xauth menu functioninfo 表,实现对菜单及功能项的查询和检索等数据库操作。

（9）MgRoleIsResMapper:角色管理模块的管理角色分配区域数据库访问接口定义了对数据库中管理角色与区域关联进行持久化操作的方法。该接口用于操作 xauth manage role res 表,实现对管理角色与区域关联关系的存储、更新、查

询和删除等数据库操作。

（10）RoleGrantMapper：角色管理模块的角色分配给用户或部门的数据库访问接口定义了对数据库中角色与用户或部门关联进行持久化操作的方法。该接口用于操作 xauth principal role 表，实现对角色与用户或部门关联关系的存储、更新、查询和删除等数据库操作。

（11）ResTypeMapper：角色管理模块的查询所有资源类型的数据库访问接口定义了从关联了 xauth i18n res oper 表进行国际化的数据库中查询资源类型的方法。该接口用于操作 xauth resource type 表，实现对资源类型的查询和检索等数据库操作。

（12）ResOperationMapper：角色管理模块的查询所有资源操作项的数据库访问接口定义了从关联了 xauth i18n res oper 表进行国际化的数据库中查询资源操作项的方法。该接口用于操作 xauth resource operation 表，实现对资源操作项的查询和检索等数据库操作。

（13）OrgServiceImpl：OrgRestService 接口的实现类是 OrgServiceImpl，它是组织树管理模块的对外接口。角色管理模块通过调用 OrgServiceImpl 类的方法来辅助完成查询用户具有权限的区域树的操作。

（14）OrgTreeServiceImpl：OrgTreeRestService 接口的实现类是 OrgTreeServiceImpl，它是组织树管理模块的对外接口。角色管理模块通过调用 OrgTreeServiceImpl 类的方法来辅助完成查询用户具有权限的目录树的操作。

（15）ResourceServiceImpl：ResourceRestService 接口的实现类是 ResourceServiceImpl，它是资源管理模块的对外接口。角色管理模块通过调用 ResourceServiceImpl 类的方法来辅助完成查询区域下用户具有权限的资源的操作。

（16）DeptServiceImpl：DeptService 接口的实现类负责部门管理模块的业务处理。通过调用该类的方法，角色管理模块可以获取用户所属部门以及子部门的信息，从而完成角色分配的业务功能。

（17）UserServiceImpl：UserService 接口的实现类负责用户管理模块的业务处理。通过调用该类的方法，角色管理模块可以获取指定部门下的所有用户信息，从而完成角色分配的业务功能。

2. 角色管理详细流程与实现

本小节将结合类图中的方法介绍角色管理模块主要的流程与实现。

(1) 角色列表。

在角色首页,默认展示当前登录用户创建的应用角色列表,并进行分页显示。列表中包含角色名称、状态、描述信息和创建时间等信息。用户可以点击管理角色图标,以分页方式展示当前登录用户创建的管理角色列表。在应用角色列表或管理角色列表的右上方,提供了按角色名称进行模糊查询的功能,用户可以输入关键字进行查询,并获取符合条件的相应角色列表。

上述业务流程主要涉及的对象有 RoleController、RoleService RoleServicelmpl RoleMapper 和 BaseResult。其时序图如图 9-8 所示。

时序图中主要方法:

findPagedRoles():图中的此方法都是分页查询角色列表(可按条件查询),RoleController 类的 findPagedRoles() 方法获取前端参数,主要是角色类型,从 session 中获取当前用户,处理后调用 RoleServiceImpl 类的 findPagedRoles()方法,在 Service 层调用 RoleMapper 接口的 findPagedRoles()方法按条件分页查询数据库。

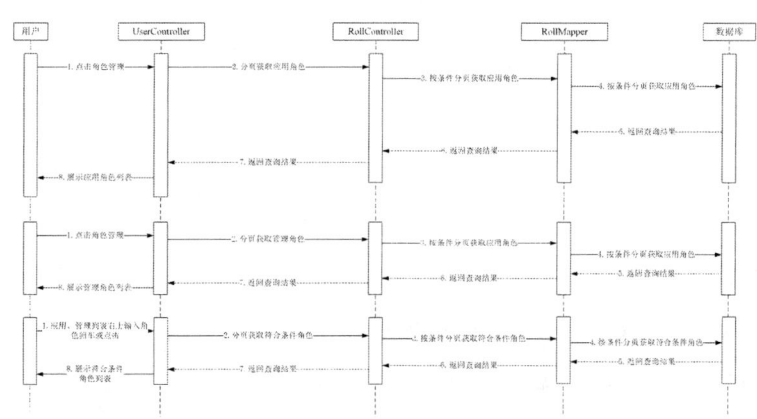

图 9-8 角色管理核心的类及接口图

(2) 角色删除、启用、禁用。

当用户在角色管理界面中勾选一个或多个角色,并点击删除按钮时,系统将从数据库表中查询这些角色是否已经被分配给用户或部门。如果已经分配,则系统将提示用户无法删除这些角色。如果角色未被分配过,则系统将删除勾选的角色的基本信息以及其关联的其他表信息。该功能支持单个或批量删除角色。

另外,当用户勾选一个或多个角色,并点击启用或禁用按钮时,系统将改变这些角色在数据库中的角色状态字段的值。该功能支持单个或批量启用或禁用角色。

上述业务流程主要涉及的对象有 RoleController、RoleService、RoleServiceImpl、RoleMapper、AppRoleIsResMapper、AppRoleIsTreeMapper、RoleIsMenuMapper、RoleGrantMapper、MgRoleIsResMapper 和 BaseResult。其时序图如图 9-9 所示，其中 XXMapper 即为上述六个 Mapper 接口。

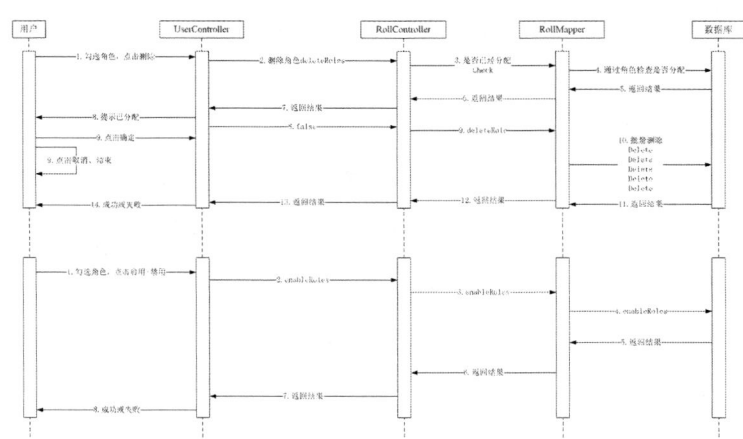

图 9-9　角色删除、启用、禁用时序图

时序图中主要方法：

deleteRoles()：RoleController 类的删除角色方法，先调用 RoleServiceImpl 类的 checkAssignedUDExists() 方法判断将删除角色中有已经分配给用户或部门的，没有才调用 RoleServiceImpl 类的 deleteRolesById 方法删除角色相关信息；

checkAssignedUDExists()：判断角色是否已经分配过；

findRoleGrantByRoleIds()：通过 RoleGrantMapper 接口，根据角色 id 集合查询角色分配表数据；

deleteRolesById()：RoleServiceImpl 类中删除角色相关信息方法；

deleteByIds()：通过 RoleMapper 接口，根据 RoleIds 集合批量删除角色基本信息；

deleteMenuByRoleIds()：通过 RoleIsMenuMapper 接口，根据 RoleIds 集合批量删除角色与菜单关联信息；

deleteAppTreeByRoleIds()：通过 AppRoleIsTreeMapper 接口，根据 RoleIds 集合批量删除角色与目录树关联信息。删除角色类型为应用角色调用此方法；

deleteAppResByRoleIds()：通过 AppRoleIsResMapper 接口，根据 RoleIds 集合批量删除角色与资源关联信息。删除角色类型为应用角色调用此方法；

deleteMgResByRoleIds()：通过 MgRoleIsResMapper 接口，根据 RoleIds 集合批量删除角色与区域关联信息。删除角色类型为管理角色调用此方法；

enableRolesO：根据 RoleIds 集合批量启用角色；

disableRoles0：根据 RoleIds 集合批量禁用角色；

（3）应用角色添加。

在用户点击添加时，首先会查询用户具有权限的一级应用菜单，并在添加页展示。当用户填写角色名时，系统会检查该角色名是否已存在。如果存在，则给出相应提示，否则用户可以继续填写信息。当用户点击某个一级菜单时，系统会查询用户对该一级菜单具有权限的功能项。用户完成菜单和功能项的勾选后，可以点击资源权限进行资源的分配。此时，系统会先查询用户对应的权限目录树及其关联的资源类型。在某个目录树后，用户点击配置按钮时，系统会根据目录树关联的资源类型查询可操作的资源项。用户点击某个资源操作项时，系统会根据用户和目录树编号查询用户具有权限的区域树。在选择某个区域后，系统会根据用户、区域编号、资源类型、目录树编号和权限码等信息分页查询该区域下用户具有权限的相关资源信息。用户完成对应用角色的权限分配后，点击保存按钮将进行角色信息的存储操作。

上述业务流程主要涉及的对象有 RoleController、RoleService、RoleServiceImpl、RoleMapper、AppRoleIsResMapper、AppRoleIsTreeMapper、RoleIsMenuMapper、RoleGrantMapper、MgRoleIsResMapper、OrgTreeRestService、OrgTreeServiceImpl、OrgRestService、OrgServiceImpl、ResourceRestService、ResourceServiceImpl 和 BaseResult。其时序图如图 9-10 所示，其中 XXMapper 即为上述几个 Mapper 接口。

时序图中主要方法：

findL1MenusByUserAndIsCfg()：查询用户有权限的一级应用菜单；

getRoleIdsByUserId()：通过 RoleGrantMapper 接口，根据用户 id 查询分配给用户的角色 id 集合，如果用户关联的角色是 admin 角色，之后的数据库查询除必要条件（如查询一级菜单时的树层级＝1 条件）外，其他条件为空；

findMenuCodesByRoleIds0)：通过 RoleIsMenuMapper 接口，根据角色 id 集

合查菜单 code 集合；

findL1MenusByMenuCodes()：通过 MenuAndFunMapper 接口，根据菜单 code 和树层级＝1 查询一级菜单；

checkNameExists0)：检查角色名是否存在；

findRoleByName()：通过 RoleMapper 接口，根据角色名查询角色；

findMenuAndFuncsByUserAndRootMenuIdO：根据用户和一级菜单 code 查功能项；

findMenuAndFuncsByRootMenuId)：通过 MenuAndFunMapper 接口，根据菜单 code 查询查路径包含菜单 code 的数据；

findOrgTreesByAuth()：查询用户有权限的目录树；

getTreeCodeByRoleIds()：通过 MgRoleIsResMapper 接口，根据角色 id 集合查询目录树 code；

findOrgTreesByTreeCodes()：通过 OrgTreeServiceImpl 类，根据 treeCode 集合查目录树集合及树关联的资源；

findAllResourceType()：通过 ResTypeMapper 接口，查询所有资源类型从而获取目录树关联资源的名称；

findAuthCodesByResTypes()：根据资源类型集合查询资源操作项；

findSyncOrgsByUser)：根据用户、树编号查询有权限区域树；

findMgRessByConditionO：通过 MgRoleIsResMapper 接口，根据条件查询用户有权限的区域；

findOrgsByCondition()：通过 OrgServiceImpl 类，根据树编号、区域 id 和区域权限缩小类型一次性返回一棵完整的区域树；

findPageResourcesByAuth()：根据用户、区域编号、资源类型、树编号、操作项等分页查询用户有权限的资源信息；

getResByCondition()：根据条件查询用户有权限的资源；

findPageResourceByCondition(：通过 ResourceServiceImpl 类，根据条件分页查询资源的详细信息；

saveOrUpdateAppRole()：保存或更新角色相关信息，角色 id 为空为保存；
insertRole0；通过 RoleMapper 接口，保存角色基本信息到数据库中；

insertRoleMenusO：通过 RoleIsMenuMapper 接口，保存角色与菜单关联信

息到数据库；

insertAppRoleTrees()：通过 AppRoleIsTreeMapper 接口，保存角色与目录树关联信息到数据库；

insertAppRoleRess()：通过 AppRoleIsResMapper 接口，保存角色与应用资源关联信息到数据库。

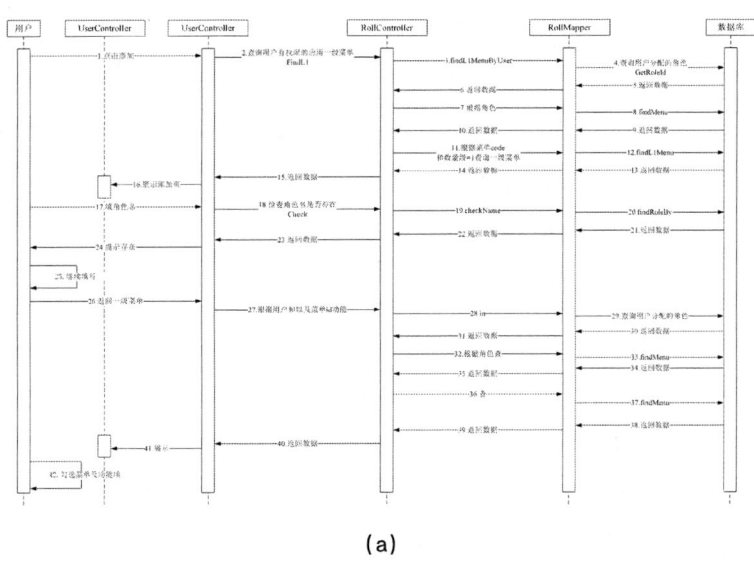

(a)

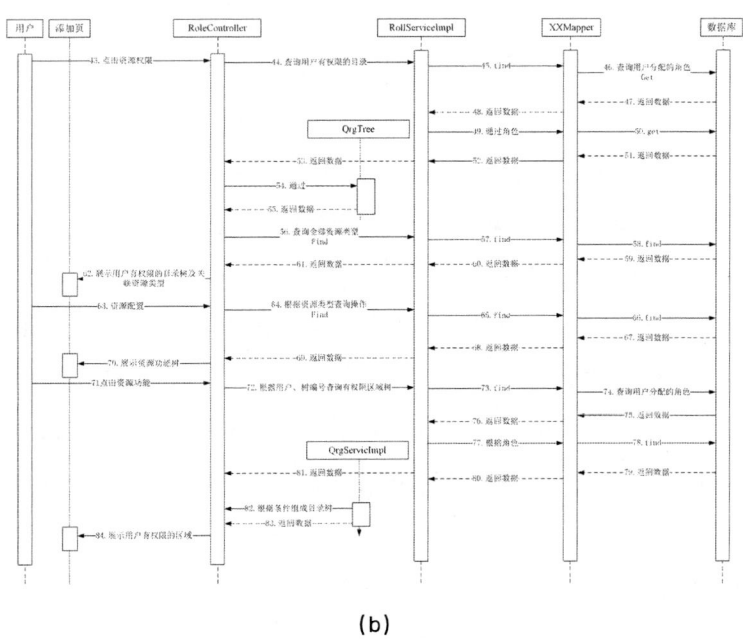

(b)

图 9-10　应用角色添加时序图

用户点击编辑时通过 RoleController 类的 findL1MenusByUserAndIsCfg0 方法查询用户有权限的一级应用菜单和通过 RoleController 类的 findAppRole() 方法查询角色所有相关信息，RoleServiceImpl 类的 findAppRole() 方法被 RoleController 的 findAppRole() 方法调用后会分别调用 RoleMapper 接口的 findRoleById() 方法、RoleIsMenuMapper 接口的 findMenuCodesByRoleIds() 方法、MenuAndFunMapper 接口的 findL1MenusByMenuCodes() 方法、MenuAndFunMapper 接口的 findMenuAndFuncsByRootMenuId() 方法、AppRoleIsTreeMapper 接口的 findAppTreesByRoleId() 方法、AppRoleIsResMapper 接口的 getResByCondition() 方法查询角色的相关信息并完成相应组装返回给前端渲染成应用角色编辑页，之后的角色分配权限的修改逻辑与应用角色保存一致，且上述方法都有过相关介绍，因此不再画时序图赘述。

（4）应用角色详情。

用户点击应用角色的角色名时通过 RoleController 类的 findRoleBasicInfo() 查询角色基本信息、通过 RoleControlle 类的 findL1MenusByRole 方法（相较于 findL1MenusByUserAndIsCfg() 方法逻辑只是少了根据用户查询分配的角色）查询角色已分配的一级应用菜单信息和通过 RoleController 类的 findAssignedDepts() 方法经过 Service 层调用 RoleGrantMapper 接口的 findRoleGrantByRoleId() 方法查询角色已分配的部门和用户。点击某个角色已分配的一级菜单时通过 RoleControlle 类的 findMenuAndFuncsByRoleAndRootMenuIdO 方法查询角色已分配的菜单功能项。此方法相较于 findMenuAndFuncsByUserAndRootMenuId) 方法逻辑只是少了根据用户查询分配的角色。

点击资源权限时通过 RoleController 类的 findOrgTreesByRoleId() 方法和 findAllResourceType() 和通过 OrgTreeServiceImpl 类的 findOrgTreesByTreeCodes() 方法查询查询角色已关联的目录树和树关联的资源类型。

点击配置查询通过 RoleController 类的 findAuthCodesByRole() 经过 Service 层调用 AppRoleIsResMapper 接口的 getResByCondition() 方法查询角色已关联的资源操作项。

点击操作项时通过 RoleController 类的 findOrgsByRole() 方法经过 Service 层调用 AppRoleIsResMapper 接口的 getResByCondition() 方法查询区域及区域权限类型，再通过 OrgServiceImpl 类的 findOrgsByCondition() 方法查询区域树。

点击区域时通过 RoleController 类的 findResourcesByRole()方法经过 Service 层调用 AppRoleIsResMapper 接口的 getResByCondition()方法查询资源,再通过 ResourceServiceImpl 类的 findPageResourceByCondition()方法分页查询资源的详细信息。

上述流程的方法大都有过介绍,流程逻辑较清晰即查询角色已经分配的权限用于展示,故不再画时序图赘述。

(5) 管理角色添加、详情、编辑。

管理角色的逻辑与应用角色的逻辑大致相同。在保存时,同样需要查询用户可访问的一级菜单、目录树和区域树。最后进行保存操作。不同之处在于,管理角色需要查询一级管理菜单及其功能项。因此,不再赘述具体细节。

(6) 应用角色分配。

当用户在应用角色列表处点击分配时,系统会查询用户所在部门及其下级部门树,并同时查询该角色已经分配的部门。这些数据将会在部门分配页进行展示。若用户分配完部门后点击用户,或者直接点击用户而不进行部门分配,系统将会查询该角色已经分配的用户,并在用户分配页展示。当用户点击部门树上的某个部门时,系统会查询该部门下所有的用户,并展示在相应页面上。在点击保存时,系统会先删除该角色之前的分配数据,以防止重复分配。然后将这些分配的数据插入到相应的表中。

9.5.3 节点管理模块详细设计与实现

节点管理组件的节点注册功能旨在将本地服务器的基本信息注册至 Etcd,同时实时更新节点的信息。这些基本信息包括服务器的硬件配置和局域网中对接平台所使用的网卡 IP 地址。而实时信息则包括了近期的 CPU 和内存负载情况。该功能的目的在于让技术人员能够通过平台管理组件或其客户端及时了解平台中各个服务器节点的状态。

节点管理组件的节点注册功能涉及操作 Etcd 中的服务器节点数据实体。在组件初始化过程中,首先从本地配置文件中获取本地服务器对应的 ID 编号。然后,检查该 ID 对应的服务器节点逻辑数据是否已存在。如果逻辑数据不存在,则取消组件的启动。如果逻辑数据存在,还需要检查对应 ID 的服务器节点实体数据是否存在。若实体数据已经存在,则需要等待其被删除才能继续进行组件的初始化工作。

这是因为节点管理组件使用租约来保证实时数据在自身宕机时能够自动清除，而节点实体数据属于实时数据。当实体数据仍然存在时，说明已经存在服务器使用节点管理组件对同一 ID 进行了注册，或者之前节点管理组件所在服务器发生了宕机。为了避免数据混乱，后续的节点管理组件初始化工作必须等待，直到发现对应 ID 的逻辑数据存在而实体数据不存在。

在发现对应 ID 的逻辑数据存在而实体数据不存在时，将使用一个空的 JSON 对象对实体数据进行赋值（这需要使用 Etcd 提供的事务机制来保证数据的一致性），以标识节点管理组件开始进行初始化工作。最后，在初始化完成后，将完整的服务器节点实体信息写入到"node/id/entity"中，并定期更新其中的 CPU 和内存负载率数据（使用 JavaScript 中的 setTimeInterval 函数周期性调用指定函数来更新相关数据）。

节点管理组件的服务部署功能旨在响应平台管理组件的命令，以提高运维工作效率，实现本地服务的上线和下线操作。以下将详细说明该功能的设计和实现方案，包括触发条件、工作流程以及技术细节。

(1) 触发条件

当节点管理组件检测到 Etcd 集群中服务绑定数据发生变化，可能会影响本地服务器的服务部署情况时，将会启动服务部署功能。如果变化导致服务绑定数据的状态变为"待上线"，则会执行服务上线操作；如果变化导致服务绑定数据的状态变为"待下线"，则会执行服务下线操作。

(2) 工作流程

服务上线的流程如图 9-11 所示。当节点管理组件需要上线一个服务时，它会根据服务配置数据的 ID 从 Etcd 集群中获取相应的服务配置数据。然后，它会检查本地是否存在用于存放目标服务项目的目录。如果目录不存在，节点管理组件将根据服务配置数据的 ID 创建一个相应的目录。接下来，根据服务配置数据中提供的 Git 仓库地址和分支信息，节点管理组件将目标项目的程序下载到相应的目录中。

一旦程序下载完成，节点管理组件将调用目录中的 start.sh 脚本来启动服务。在脚本运行完成后，它会对服务进行健康检查。如果服务通过了健康检查，节点管理组件将为该服务生成相应的服务实例数据，并将其注册到 Etcd 集群中，其键的前缀为"/instance"。

最后，节点管理组件将根据服务的启动结果修改服务绑定数据的状态位。这样，相关人员可以通过平台管理组件或其客户端了解服务上线操作的结果。

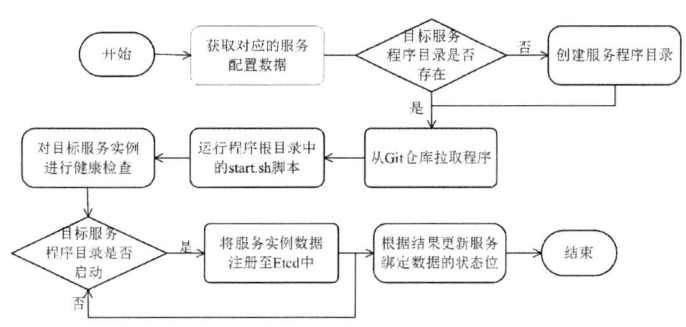

图 9-11　服务上线流程图

9.5.4　威胁情报管理模块

情报源子模块具备多方情报源融合功能。用户在成功登录系统后，可以通过点击情报运营下的情报源进入该功能模块。页面首先对数据库进行查询，以展示用户添加的所有情报源及其相关信息。用户可以点击添加情报源，填写基本信息，并上传插件配置，从而完成情报源的添加过程。此外，用户还可以对情报源进行修改和删除操作。如图 9-12 所示的是情报源管理业务流程图。

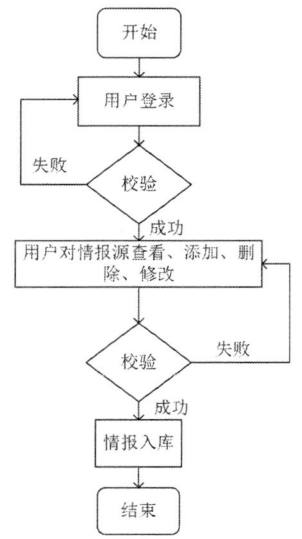

图 9-12　情报源管理业务流程图

情报源管理子模块使用了 StreamSet 工具，这是一个功能强大且轻量级的设计与执行引擎,用于路由和处理数据流。StreamSet 采用管道(Pipeline)任务的概念,用于完成各个数据流的处理任务。管道由起源(Origins)、目标(Destinations)和执行处理的组件(Processors)组成。

用户在情报源界面点击添加按钮后,输入相关信息并上传插件配置。添加情报源并进行处理的过程如图 9-13 所示。其中,StreamSets-Origins 是 StreamSets Pipeline 的起始位置,负责读取或接收数据。而 StreamSets-Processor/Executor 是 StreamSets Pipeline 的处理模块,用于对数据进行处理操作,包括增加、删除、修改和查询相关字段。

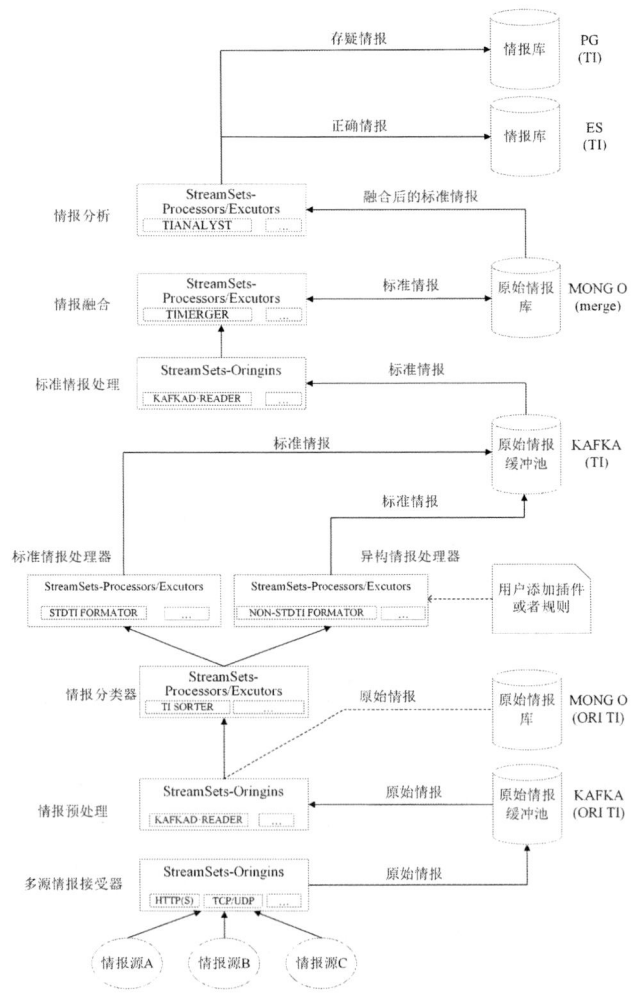

图 9-13 添加情报源逻辑图

其详细过程如下:

(1) 多源情报接收器的任务是接收情报并将其放入原始情报缓冲池中。HTTP 相关的 Origins 组件负责接收原始情报数据,并将其录入到 Kafka 缓冲池中。Kafka 的作用是为了避免接收速度大于处理速度导致数据丢失,它充当了一个缓冲层。

(2) 情报预处理模块负责从缓冲池中读取情报,并将其分流至不同的处理路径。KAFKA READER 的 Origins 组件从原始情报缓冲池中读取情报数据,并将其分为两部分。其中一部分情报被存储到 Mongo 数据库中,这个 Mongo 数据库用于保存最原始的情报数据,此时数据没有进行任何处理或字段丢失。另一部分情报通过 TI SORTER 的 Processor 组件进行处理,分类并分发到后续的不同情报处理器中。

(3) 情报分类器负责确定将情报放入哪个处理流程中。

(4) 标准情报处理器负责处理标准情报数据。STDTI FORMATOR 是一个内置的情报处理器,用于对标准情报进行处理和格式化。通常情况下,标准可识别情报不需要进行特殊处理。

(5) 异构情报处理器负责处理异构情报数据。NON-STDTI FORMATOR 用于对非标准情报进行格式化处理。用户需要编写 Python 脚本来进行处理,并且该处理器需要内置一个 Python 处理引擎,能够处理数据并将非标准字段转换为标准字段。

(6) 标准情报需要存入缓存 Kafka 中,以避免后续的数据处理流程过慢导致情报丢失。

(7) 随后,经过处理的标准化情报将被存入数据库。

(8) 情报融合模块负责将多源情报进行融合。TI MERGER 将各个数据源的情报进行融合,并将融合后的情报存入 MongoDB 中,作为 ES 情报的镜像。

(9) TI ANALYST 负责自动审核经过融合后的情报,将有问题的情报存入 PostgreSQL 数据库,以供人工判断情报的正确性。正确的情报按照指定的入库格式存入情报库 ES。入库到 ES 的情报需要进行批量入库,只有在批量情报的物理大小达到 5 MB~15 MB 时才进行入库操作。

其中情报融合处理过程如下:

(1) TI Merger 从 Kafka 中读取经过标准化的情报,并将情报存储到 MongoDB 中。

(2) 在从 Kafka 读取数据时，需要在 MongoDB 中查询是否已存在相同的情报数据。

(3) 如果存在相关数据，情报将经过融合处理后写入 MongoDB。

(4) TI Merger 定期从 MongoDB 中读取情报，并将其写入 ES 数据库中。

在这里，MongoDB 和 ES 中的情报数据是相互镜像的关系。需要注意的是，情报融合的目的是解决情报冲突。在情报融合过程中，不同情报源可能会出现相同字段但内容不同的情况，即情报冲突。在发生情报冲突时，情报融合根据情报源的置信度进行融合处理。以下是情报融合的流程：

(1) 情报源的初始置信度在创建情报源时由用户初始化。

(2) 置信度会随着情报运营过程而变化。

(3) 在情报冲突时，丢弃置信度较低的情报源的字段描述。

因此，基于 StreamSets 创建情报源时，需要新增一个内置的 StreamSet Pipeline。使用 StreamSets 提供的 Restful 接口来创建 Pipeline。在创建过程中，通过封装 StreamSets 的添加组件接口，逐步创建 Pipeline。Web 端创建情报源后，将情报源的名称、类型和融合策略发送给接口服务。接口服务根据情报名称、类型和融合策略生成调用 StreamSets 组件的 API 队列。接口服务依次根据队列调用 StreamSets 接口，生成一条 Pipeline。每次调用成功后，将成功的结果返回给 Web 端。

异构情报源在初期建立时与标准情报源保持一致，唯一的区别在于插件部分。异构情报源需要选择异构的情报类型，接口服务会根据情报类型将标准情报格式输出到界面上。在 Web 端，用户上传异构情报的格式可以是任何格式，并上传异构情报的插件。接口服务执行插件，将输入（异构情报格式）转换为输出（插件输出的格式）。然后将输出与标准情报格式进行对比，检查插件是否正常工作。如果转换无误，接口服务调用 StreamSets 接口生成一个异构情报 Pipeline，并将创建结果返回给 Web 端。

除了添加情报源之外，还有删除和修改情报源的功能。删除情报源即调用 StreamSets 的 API 来删除相应的 Pipeline。修改情报源与添加情报源的流程类似，不再赘述。

情报源管理页面展示如图 9-14 所示。

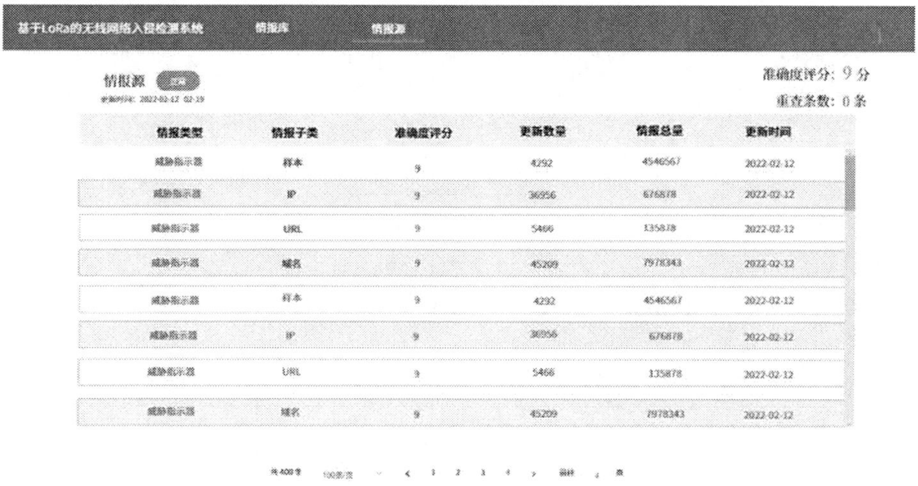

图 9-14　情报源管理页面

用户通过登录系统进行身份验证后,可以点击情报运营下的情报库子模块,进入情报库界面。在情报库中,用户可以检索并查看其所掌握的所有情报列表。主要情报类型分为四大类别:威胁指示器、事件、漏洞和攻击组织。其中,威胁指示器进一步细分为 IP、域名、URL 和样本。

该子模块还提供单个或多个情报的录入和删除功能。用户可以根据需要检索情报,点击情报项以查看详细信息。同时,情报库提供了一个统一的接口,供用户输入查询条件以查询情报的详细信息。在查询结果中,用户可以进行评论和标记操作。该功能支持对 IP、域名、URL、样本、漏洞和事件六种情报类型进行查询。

除了查看情报的详细信息,情报库还提供了追踪溯源的功能,用户可以查询与情报相关的关联信息。在情报库页面的追踪溯源输入框中,用户可以输入要查询的情报,并点击查询按钮。返回的查询结果类型因查询的情报而异。图 9-15 和图 9-16 展示了情报库管理的业务流程图和时序图。

物联网入侵检测

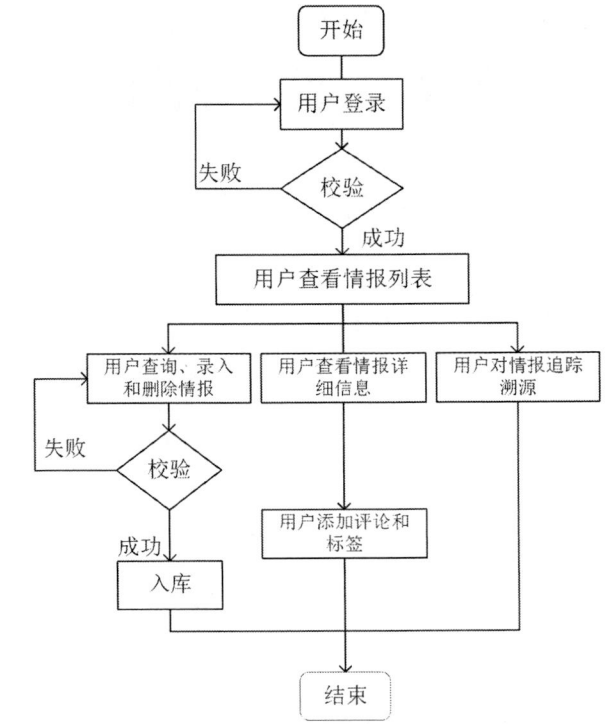

图 9-15　情报库管理业务流程图

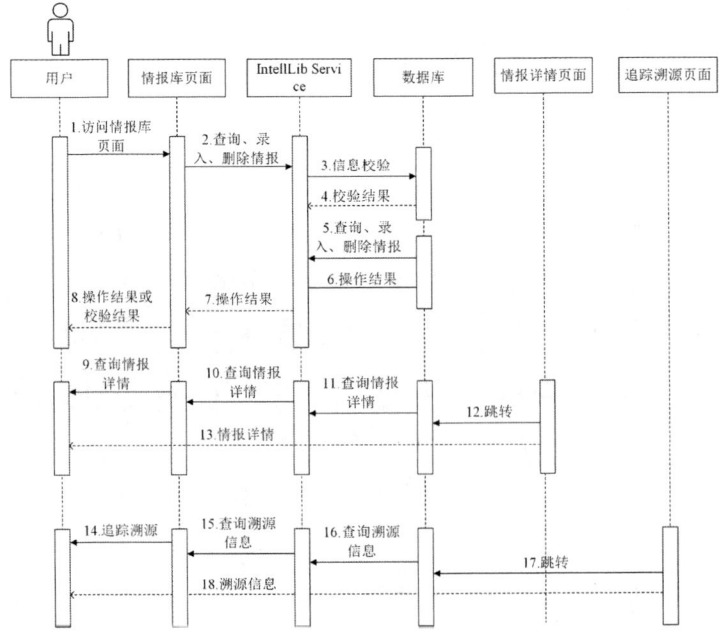

图 9-16　情报库管理时序图

情报库管理类图如图 9-17 所示，由于类较多，查询情报详细信息、用户添加评论、标签以及追踪溯源的功能未在类图中显示。

用户进入情报库页面后，默认进行威胁指示器的查询。查询条件包括情报源、分类、威胁等级、标签、行业、情报状态、录入方式和更新事件等。用户点击查询后，调用威胁指示器检索方法。该方法首先接收查询参数，然后根据筛选条件逐步向 DSL 语言中添加检索条件。在 Elasticsearch 中，IP、域名、URL、样本这四种情报类型分别对应索引 ip_indicator_index、domain_indicator_index、url_indicator_index 和 sample_indicator_index。与威胁指示器类似，事件、漏洞和攻击组织的检索过程也与此类似，这里不再详细阐述。其中需要注意几点。

（1）进行查询时，使用滚动（scroll）查询 Elasticsearch。

（2）关键字查询是模糊查询的一种形式。

（3）在获取相应的参数时，需要检查参数的有效性，例如验证页面（page）和大小（size）的有效性，验证首次发现时间和最后发现时间的有效性等等。

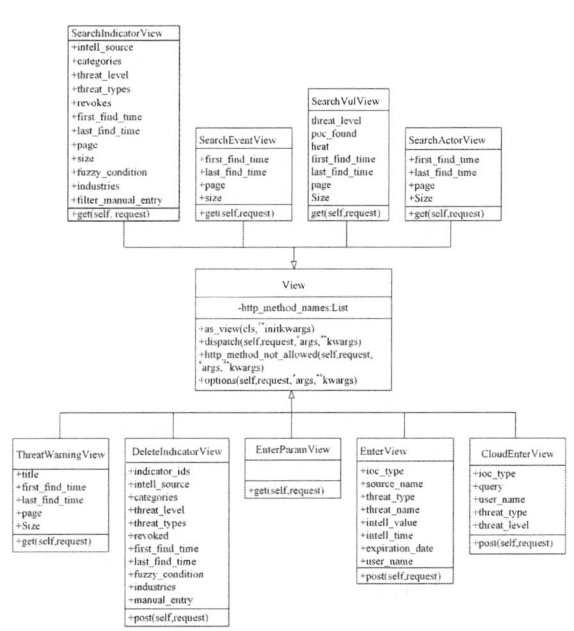

图 9-17　情报库管理类图

除了情报检索功能外，情报库子模块还提供威胁指示器情报的录入和删除功能。情报删除逻辑相对简单，此处不再详述。情报录入包括手工录入和云端情报同步，它们的逻辑相同。手工录入又分为单个录入和 CSV 录入。

当用户点击单个录入时，进入情报录入参数页面，通过数据库获取各个下拉菜单的可选值。情报录入参数页面需要填写情报源、IoC类型、可观察数据值、威胁等级、威胁类型、录入时间和过期时间等信息。填写完信息后，用户点击保存。系统首先从请求中获取传递的参数值，并验证其有效性，然后进行数据保存和过期时间设置。情报的录入逻辑流程参见图9-18。在情报保存过程中，首先将原始数据存储在MongoDB中，然后进行情报的融合处理，最后进行情报的存储。情报的保存和融合逻辑与添加情报源子模块中情报的保存逻辑相同。

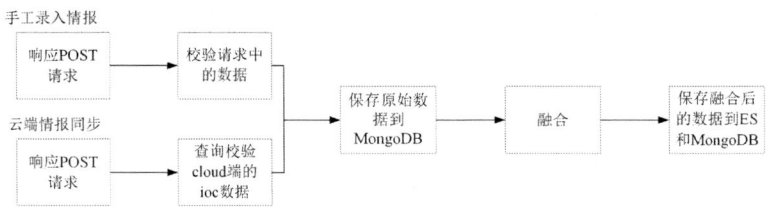

图 9-18 情报录入逻辑图

在这个图示中，MongoDB用于存储未合并和合并后的数据，而合并后的数据还完全备份到了ES中。引入MongoDB的目的是为情报融合提供数据支持，并提高ES数据入库的速度。

如果使用CSV文件进行录入，用户需要提供情报源和CSV文件。系统提供了可以下载的CSV格式情报数据模板文件，下载后需要填写情报的IOC类型、威胁类型、威胁等级、情报IOC值、情报录入时间以及情报过期时间。用户上传CSV文件后，系统将对其进行解析并进行与单个录入相同的处理方式。

在情报管理功能之外，当用户点击某个情报或输入查询情报的详细信息时，系统将通过DSL向ES中的不同索引进行检索。根据表9-3中的详细情况，这里主要分为多种情况。在查询任意情报的详细信息时，除了调用相应情报查询方法外，还需要进行关联查询。当查询的情报是IP或域名时，关联查询包括基本关联查询和其他关联查询。而当查询的情报不是IP或域名时，则进行其他关联查询。关联查询方法适用于追踪溯源功能。对于以上情况，我们可以进行重新组织和改写以增加清晰度和连贯性。

在用户查询完情报后，他们将进入情报详情页面。如果该情报未被记录在系统中，页面将显示该情报为未知。如果该情报已被记录在系统中，情报详情页面将展示情报的基本信息，如国家、省份、城市等，还会显示该情报是否被列入黑名单以及与之相关联的其他情报列表。

此外，用户在情报详情页面还可以进行评论和标签的添加和删除操作。评论的查看、增加和删除功能是通过获取参数后进行验证，并使用 Django 方法对数据库中的数据进行操作来实现的。标签的逻辑与评论类似，但标签是预先设定的固定标签，例如恶意 IP、垃圾邮件源等。用户可以为情报添加标签，每种标签只能添加一次，情报的各个标签数量是由不同用户的标记数量之和得出的。情报的标记信息和用户的标记信息分别对应着表 UserTag 和 UserTagDetails。

表 9-3　查询情报详细信息方法表

场景	方法名	描述
IP 查询	ip_basic	获取 IP 的基本信息。包括没备信息、操作系统信息等
	Search_asset_security	获取 IP 的威胁信息，包括 IP 的安全指数、威胁状态、威胁历史等信息
	Search_ip_indicator	获取 IP 指示器信息
Domain 查询	Domain_basic Asset_security Domain_indicator	获取 domain 的基础信息，包括 whois、备案、子域名等 获取 domain 的威胁信息，包括 domain 安全指数、威胁状态、威胁历史等信息 获取 domain 指示器信息
URL 查询	url_basic url_indicator	获取 url 的基础信息，包括标题、banner、内容类型、备案等基础信息 获取 URL 指示器信息
Sample 查询	Sample_basic Sample_indicator	获取样本的基础信息 获取样本的指示器信息
漏洞查询	Vul_details	获取漏洞信息
事件查询	Campaign_details	获取事件信息
基本关联查询	Basic_ralated	查询 IP 关联的域名或域名关联的 IP
其他关联查询	High_related	查询各情报之间的关联关系

在情报库还可以对情报进行追踪溯源，对不同的情报类型进行溯源，其返回的情报类型也各不相同，溯源情报类型与返回情报类型见表 9-4 所示。追踪溯源支持 ip、domain、url、sample、vul、campaign、threatactor、tool 七种情报类型的查询，其中 vul、campaign、threatactor、tool 传其对应的情报 id，最多只能返回 50 条数据。

当用户点击溯源按钮时，系统会接收到待溯源的情报类型和值。首先，系统会对接收到的情报进行合法性检查，确保情报类型与规定一致，并且其值符合各种情报类型的正则表达式。这些验证规则通常会在 params_check 方法中进行统一定义。一旦传入的情报通过了验证并被确认为有效，系统将按照情报类型与数字的格式将该情报应返回的信息存储在一个字典中。接下来，系统将利用查询表达式 DSL 向指定的 ES 索引进行匹配查找，以获取相关的情报数据。

表 9-4 溯源情报与返回情报

查询类型	返回的关系类型 related_type
ip	domain、sample、campaign、threatactor
domain	ip、sample、campaign、threatactor、email
url	domain、vul、sample、threatactor
sample	ip、domain、url、threatactor、campaign、tool
campaign	ip、domain、sample、vul、threatactor、tool
threatactor	ip、doamin、url、vul、campaign、sample、tool
vul	ip、doamin、campaign、threatactor、tool
tool	threatactor、campaign、sample、vul

在进行情报溯源 DSL 查询的时候，要分为以下两种情况：

（1）association_info 方法只支持 ip 关联域名或域名关联 ip 信息的查询。其首先利用 params_check 方法进行类型的判断，后根据 ip 和域名分别检索信息。

（2）related_cor_fun2 方法负责剩余所有检索任务的检索，不同的类型用不同的数字标记，其一共包括了 30 种类型的检索。DSL 采用公共部分加特定类型字符串拼接的方法进行检索。

原型图展示（见图 9-19，9-20，9-21）。

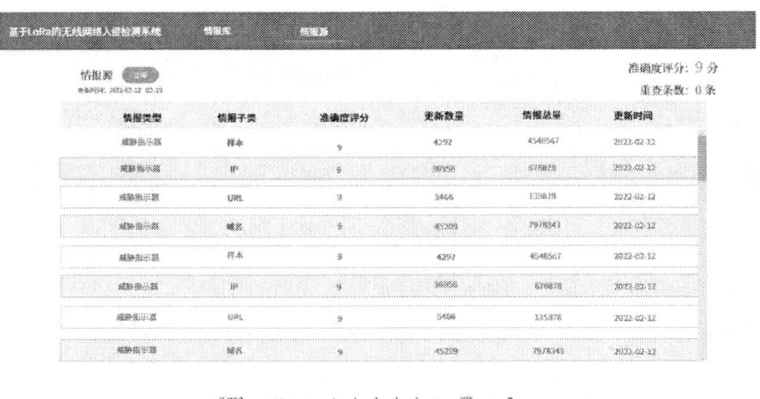

9-19 原型图 1

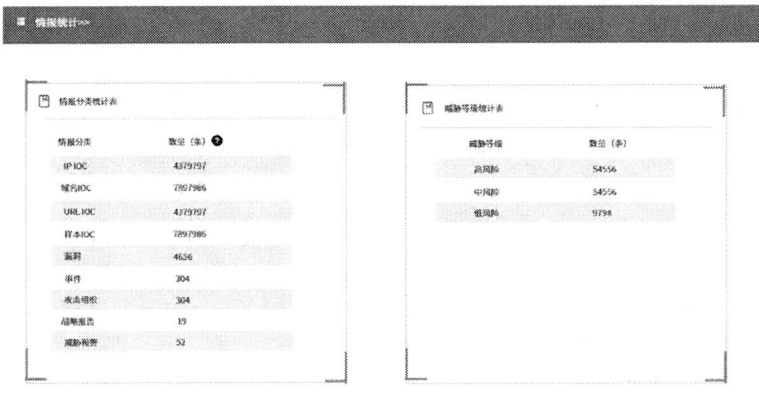

9-20　原型图 2

9-21　原型图 3

9.5.5 报警日志模块

报警日志上传是规则检测的最后一步，也是非常重要的环节。该模块的主要任务是将检测到的异常数据包信息反馈给用户，以实现对工业控制网络的真正监控功能。在本系统中，日志的存储表是建立在 MySQL 数据库中的。然而，由于 MySQL 数据库的插入速率存在瓶颈，当出现大规模的通信数据包报警时，可能会导致日志数据的丢失。

为了解决日志上传的瓶颈问题，系统采用了消息队列作为缓冲机制。消息队列是一种容器，用于在消息传输过程中保存数据消息。当需要上传日志时，系统将消息发送到队列中。通过引入消息队列，系统能够有效地处理大量的报警日志数据，提高数据处理的效率和可靠性。日志上传模型如图 9-22 所示，展示了消息队列在系统中的应用。

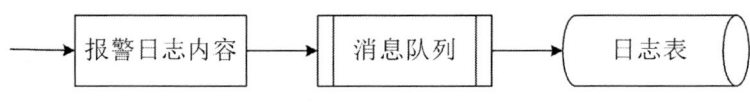

图 9-22　报警日志上传模型

使用消息队列实质上将报警信息的上传分为插入队列和取出队列两个步骤。当大规模的报警日志上传时，如果取出队列的速率小于插入队列的速率，就会导致消息队列容器在一段时间后溢出。为了解决这个问题，在系统中引入了一个计时器和计数器的检测机制，用于取消息队列。当消息队列中的日志数据数量超过一定条数，或者计时时间超过预设的 n 秒时，系统会对消息队列进行批量的取出操作。

这种机制可以保证及时处理大量的报警日志数据，避免消息队列溢出的情况发生。图 9-23 展示了报警日志上传的工作流程，清晰地描述了使用计时器和计数器的检测机制来控制消息队列的取出操作。

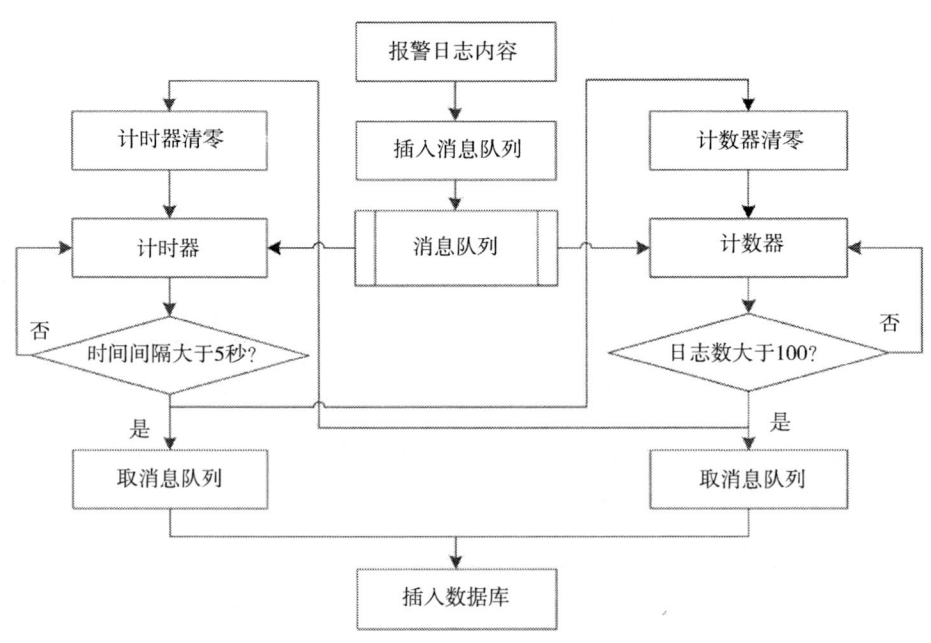

图 9-23　报警日志上传流程

原型图展示(见图 9-24)。

图 9-24 原型图

参 考 文 献

[1] 刘羽轩. 基于 LoRa 的高并发电力数据采集系统设计[D]. 广东工业大学,2021.

[2] 叶奕平. 基于 LoRa 的楼宇自动监测系统设计[D]. 深圳大学,2020.

[3] 刘世伟. 基于 LoRa 的物联网电表抄表系统设计[D]. 山东科技大学,2020.

[4] 单恒. 基于 LoRa 无线网络技术的社区电力监测系统[D]. 山东科技大学,2020.

[5] 陶园. 基于 LoRa 物联网农业环境数据监测系统的研究[D]. 苏州大学,2018.

[6] 肖扬. LoRaWAN 协议在舰船环境监测中的应用研究[D]. 南华大学,2020.

[7] 魏嘉鑫. 基于 LoRa 的光伏电站数据传输系统的设计与实现[D]. 西安理工大学,2021.

[8] 薛宏利,蔡泽祥,谭炜豪,孙宇嫣,胡凯强,岑伯维. 面向电力物联网的 LoRa 通信建模与性能仿真分析[J]. 南方电网技术,2022,16(03):108—115.

[9] 拉帕波特(美). 无线通信原理与应用第 2 版[M]. 北京:电子工业出版社,2012.

[10] Li S, Xu L D, Zhao S. The internet of things: a survey[J]. Information Systems Frontiers, 2015, 17(2):243-259.

[11] Raza U, Kulkarni P, Sooriyabandara M. Low Power WideArea Networks: An Overview[J]. IEEE Communications Surveys & Tutorials, 2017, 19(2):855-873.

[12] 郑宁,杨曦,吴双力. 低功耗广域网络技术综述[J]. 信息通信技术,

2017,11(1):47-54.

[13] Bardyn J P, Melly T, Seller O, et al. IoT: The era of LPWAN is starting now[C]. ESSCIRC Conference 2016: 42nd European Solid-State Circuits Conference. IEEE, 2016.

[14] 陈技,林洪钟,黄园梅. 火灾自动报警系统设计若干问题探讨[J]. 建筑电气,2019,38(10):39-47.

[15] Golion official website[EQ/OL]. http://www.gdliontech.cn/.

[16] 陈孝松. LoRa 低成本全双工网关的设计与实现[J]. 无线电通信技术,2019,45(2):95-98.

[17] 李超. 低功耗广覆盖无线网络海量接入关键技术研究[D]. 北京:北京交通大学,2018.

[18] 赵菁菁. LoRa 协议公平与抗干扰传输研究[D]. 西安:西北大学,2018.

[19] 张坤. 基于 LoRa 通信的城市路灯智能控制系统的研究[D]. 济南:山东大学,2018.

[20] 陈钇安. 基于 LoRa 的全无线智能水表抄表应用的研究[D]. 长沙:湖南大学,2017.

[21] 许斌. 基于 LoRa 的物联网通信协议研究与实现[D]. 西安:西安电子科技大学,2018.

[22] 吕文涛. LoRa 网络中 ALOHA 防碰撞算法及数据安全的研究[D]. 重庆:重庆理工大学,2018.

[23] Reynders B, Meert W, Pollin S. Power and spreading factor control in low power wide area networks[C]. 2017 IEEE International Conference on Communications. IEEE, 2017.

[24] Abdelfadeel K Q, Cionca V, Pesch D. A Fair Adaptive Data Rate Algorithm for LoRaWAN[C]. the 2018 International Conference on Embedded Wireless Systems and Networks. 2018.

[25] Reynders B, Wang Q, Tuset-Peiro P, et al. Improving Reliability and Scalability of LoRaWANs Through Lightweight Scheduling[J]. IEEE Internet of Things Journal, 2018, 5(3):1830-1842.

[26] Oh Y, Lee J, Kim C K. TRILO: A Traffic Indication-Based Downlink

Communication Protocol for LoRaWAN[J]. Wireless Communications and Mobile Computing, 2018:1-14.

[27] Polonelli T, Brunelli D, Benini L. Slotted ALOHAOverlay on LoRaWAN-A Distributed Synchronization Approach[C]. 2018 IEEE 16th International Conference on Embedded and Ubiquitous Computing (EUC). IEEE, 2018.

[28] Carlos T M, Blasco Rubén, Marco Álvaro, Casas R, Trasviña-Castro A. Unmanned Aerial Vehicle BasedWireless Sensor Network for Marine-Coastal Environment Monitoring[J]. Sensors, 2017, 17(3):460-481.

[29] Piyare R, Murphy A, Magno M, Benini L. On-Demand LoRa: Asynchronous TDMA for EnergyEfficient and Low Latency Communication in IoT [J]. Sensors, 2018, 18(11):3718-3739.

[30] 谢鸿儒. LoRa 物联网 MAC 协议研究[D]. 西安电子科技大学, 2019.

[31] 陈欣宇. 基于 LoRa 外设的智能终端移动自组网技术研究[D]. 北京邮电大学, 2019.

[32] 黄新源. 基于 LoRa 的城市环境室外定位方法研究与实现[D]. 电子科技大学, 2020.

[33] Aloÿs A, Jiazi Y, Thomas C, et al. A Study of LoRa: Long Range & Low Power Networks for the Internet of Things[J]. Sensors, 2016, 16(9): 1466-1483.

[34] 王阳, 温向明, 路兆铭等. 新兴物联网技术——LoRa[J]. 信息通信技术, 2017, 11(1):55-59.

[35] Petajajarvi J, Mikhaylov K, Roivainen A, et al. On the coverage of LPWANs: range evaluation and channel attenuation model for LoRa technology [C]. 2015 14th International Conference on ITS Telecommunications (ITST). IEEE, 2016.

[36] Gaelens J, Van Torre P, Verhaevert J, Rogier H. LoRa Mobile-To-Base-Station Channel Characterization in the Antarctic[J]. Sensors, 2017, 17 (8):1903-1920.

[37] 赵静, 苏光添. LoRa 无线网络技术分析[J]. 移动通信, 2016, 40(21):

50-57.

[38] Haxhibeqiri J, De Poorter E, Moerman I, Hoebeke J. A Survey of LoRaWAN for IoT: From Technology to Application[J]. Sensors, 2018, 18(11):3995-4032.

[39] Vangelista L, Zanella A, Zorzi M. Long-Range IoT Technologies: The Dawn of LoRa™[C]. FutureAccess Enablers of Ubiquitous & Intelligent Infrastructures. Springer, Cham, 2015.

[40] Liao C H, Zhu G, Kuwabara D, et al. Multi-Hop LoRa Networks Enabled by Concurrent Transmission[J]. IEEE Access, 2017, 5:21430-21446.

[41] Ke K H, Liang Q W, Zeng G J, et al. A LoRa wireless mesh networking module for campus-scale monitoring: demo abstract[C]. Proceedings of the 16th ACM/IEEE International Conference on Information Processing in Sensor Networks. ACM, 2017.

[42] 戴翠琴,任智. 基于 ALOHA 的无线网络随机接入协议研究[J]. 数字通信, 2009, 36(2):29-34.

[43] Wixted A J, Kinnaird P, Larijani H, et al. Evaluation of LoRa and LoRaWAN for wireless sensor networks[C]. Sensors. IEEE, 2017.

[44] 郑浩. LoRa 技术在低功耗广域网络中的实现和应用[J]. 信息通信技术, 2017, 11(01):19-26.

[45] Myagmardulam B, Miura R, Ono F, et al. Performance Evaluation of LoRa920 MHz Frequency Band in a Hilly Forested Area[J]. Electronics, 2021, 10(4):502.

[46] 刘真. 基于 LoRa 通信的博物馆微环境测控系统[D]. 合肥工业大学, 2019.

[47] 李民政,资文彬,王浩. LoRa 无线网络 MAC 层 TDMA 时隙分配协议研究[J]. 计算机工程, 2019, 45(09):95-99.

[48] 葛理威. 基于 LoRa 的低功耗传感网组网协议研究与实现[D]. 重庆邮电大学, 2018.

[49] 郑浩. LoRa 技术在低功耗广域网络中的实现和应用[J]. 信息通信技术, 2017, 11(01):19-26.

[50] 黄洁文. 基于 LoRa 技术的智能校园照明管理系统[J]. 装备制造技术, 2018(04):121-122.

[51] 张永顺,贾鑫,朱卫纲. 扩频通信抗干扰技术研究综述[J]. 四川兵工学报, 2015, 36(08):136-140.

[52] 张晓东,卢源陵. 香农采样理论的扩展及应用[J]. 赣南师范学院学报, 1996(03):30-33.

[53] Bor M, Roedig U. LoRa Transmission Parameter Selection[C]. 2017 13th International Conference on Distributed Computing in Sensor Systems. IEEE Computer Society, 2017.

[54] Semtech Corporation. LoRa Modem Designer's Guide[EB/OL]. [2013−07]. https://www.semtech.com/uploads/documents/LoraDesignGuide_STD.pdf.

[55] Semtech Corporation. LoRaTM Modulation Basics[EB/OL]. [2015−05]. https://www.semtech.com/uploads/documents/an1200.22.pdf.

[56] 袁超. 基于 LoRa 的远距离无线通信系统的设计与实现[D]. 华中科技大学, 2017.

[57] 卢小姣,庞成鑫,邵嘉,等. LoRa 覆盖性能评估及定位技术研究[J]. 通信技术, 2018, 51(09):2117-2122.

[58] Semtech Corporation. SX1276−7−8−9 Datasheet[EB/OL]. [2019−01]. https://www.semtech.com/uploads/documents/DS_SX1276−7−8−9_W_APP_V6.pdf.

[59] Semtech Corporation. SX1301 Datasheet[EB/OL]. [2017−06]. https://www.semtech.com/uploads/documents/sx1301.pdf.

[60] 张国印,孙瑞华,马春光,等. 无线传感器网络密钥管理及认证综述[J]. 计算机科学, 2010, 37(2):1-6.

[61] 曾萍,张历,胡荣磊等. WSN 中基于 ECC 的轻量级认证密钥协商协议[J]. 计算机工程与应用, 2014, 50(2):65-69.

[62] LoRa Alliance. LoRaWAN™ Specification v1.1[EB/OL]. [2017−10−11]. https://lora-alliance.org/sites/default/files/2018−04/lorawantm_specification_−v1.1.pdf.

[63] 任丰原,黄海宁,林闯. 无线传感器网络[J]. 软件学报,2003(07):1282-1291.

[64] 马祖长,孙怡宁,梅涛. 无线传感器网络综述[J]. 通信学报,2004(04):114-124.

[65] 徐晶晶,张欣慧,许必宵等. 无线传感器网络分簇算法综述[J]. 计算机科学,2017(2).

[66] 贾志松. 无线传感器网络安全技术综述[J]. 网络安全技术与应用,2017(03):101-103.

[67] 孙婷婷,刘雅举. 无线传感器网络攻击与安全路由协议综述[J]. 通讯世界,2017(04):19-20.

[68] 林春立,崔杰. WSN 中自适应多路径安全路由协议[J]. 计算机工程,2016,42(6):144-150.

[69] Carlos T M, Blasco Rubén, Marco Álvaro, Casas R, Trasviña-Castro A. Unmanned Aerial Vehicle Based Wireless Sensor Network for Marine-Coastal Environment Monitoring[J]. Sensors,2017,17(3):460-481.

[70] 裴庆祺,沈玉龙,马建峰. 无线传感器网络安全技术综述[J]. 通信学报,2007,28(8):113-122.

[71] 孙利民,李建中,陈渝,朱红松. 无线传感器网络[M]. 北京:清华大学出版社,2005.

[72] 李晖,彭志威,陈克非. 无线传感器网络及其安全问题[J]. 中兴通讯技术,2004,10:30-34.

[73] Karlof C, Wagner D. Secure Routing in Wireless Sensor Networks: Attacks and Countermeasures[C]. Proceedings of 2003 IEEE International Workshop on Sensor Network Protocols and Applications, Anchorage, Alaska, 2003:113-127.

[74] 郭志远,贺其元. 无线传感器网络路由协议安全性研究[J]. 无线电工程,2006,36(1):17-20.

[75] 周贤伟,覃伯平,徐福华. 无线传感器网络与安全[M]. 北京:国防工业出版社,2007.

[76] 罗富财,吴飞,陈倩,何金栋,寇亮. 基于机器学习的无线传感器网络入

侵检测算法[J]. 哈尔滨工程大学学报, 2020, 41(03):433-440.

[77] S. O, B. K, H. T M. On the Feasibility of Deep Learning in Sensor Network Intrusion Detection[J]. IEEE Networking Letters, 2019, 1(2):68-71.

[78] Loannis K, Dimitrriou T, Frelling F C. Towards intrusiion detection in wireless sensor networks. In: Proc of the 13th European Wireless Conference, 2007, 150-161.

[79] Y. K, H. K K, Y. H L, et al. A behavior-based intrusion detection technique for smart grid infrastructure: 2015 IEEE Eindhoven PowerTech [C], 2015.

[80] 冯莹莹,余世干,刘辉. KNN-IPSO 选择特征的网络入侵检测[J]. 计算机工程与应用, 2014, 50(17):95-99.

[81] 袁琴琴,吕林涛. 基于改进蚁群算法与遗传算法组合的网络入侵检测[J]. 重庆邮电大学学报(自然科学版), 2017, 29(01):84-89.

[82] LYE K W, WING J. Game strategies in network security[J]. International Journal of Information Security, 2005, 4(1/2):71-86.

[83] 林旺群,王慧,刘家红. 基于非合作动态博弈的网络安全主动防御技术研究[J]. 计算机研究与发展, 2013, 48(2):306-316.

[84] Han L, Zhou M, Jia W, et al. Intrusion detection model of wireless sensor networks based on game theory and an autoregressive model[J]. Information Sciences, 2019, 476:491-504.

[85] 熊自立,韩兰胜,徐行波,付才,刘布雨. 基于博弈的无线传感器网络入侵检测模型[J]. 计算机科学, 2017, 44(S1):326-332.

[86] 孙薇. 基于演化博弈论的信息安全攻防问题研究[J]. 情报科学, 2015 (9):408-1412.

[87] 黄健明,张恒巍,王晋东等. 基于攻防演化博弈模型的防御策略选取方法[J]. 通信学报, 2017, 38(1):168-176.

[88] 黄健明,张恒巍. 基于改进复制动态演化博弈模型的最优防御策略选取[J]. 通信学报, 2018, 39(1):13.

[89] Lippmann R P, Fried D J, Graf I, et al. Evaluating intrusion detection systems: The 1998 DARPA off-line intrusion detection evaluation[C]. Proceed-

ings DARPA Information Survivability Conference and Exposition. DISCEX'00. IEEE, 2000, 2:12-26.

[90] Tavallaee M, Bagheri E, Lu W, et al. A detailed analysis of the KDD CUP 99 data set[C]. 2009 IEEE symposium on computational intelligence for security and defense applications. IEEE, 2009:1-6.

[91] Dhanabal L, Shantharajah S. A study on NSL-KDD dataset for intrusion detection system based on classification algorithms. International Journal of Advanced Research in Computer and Communication Engineering. 2015, 4(6): 446 - 452.

[92] Shiravi A, Shiravi H, Tavallaee M, et al. Toward developing a systematic approach to generate benchmark datasets for intrusion detection[J]. computers & security, 2012, 31(3):357-374.

[93] Moustafa N, Slay J. UNSW-NB15: a comprehensive data set for network intrusion detection systems (UNSW-NB15 network data set)[C]. 2015 military communications and information systems conference (MilCIS). IEEE, 2015:1-6.

[94] Sharafaldin I, Lashkari A H, Ghorbani A A. Toward generating a new intrusion detection dataset and intrusion traffic characterization[C]. ICISSP. 2018:108-116.

[95] Sharafaldin I, Lashkari A H, Hakak S, et al. Developing Realistic DistributedDenial of Service (DDoS) Attack Dataset and Taxonomy[C]. 2019 International Carnahan Conference on Security Technology (ICCST). IEEE, 2019:1-8.